U0366854

对孩子说"不"

父母有边界，孩子守规则

[德] 诺拉·伊姆劳（Nora Imlau）著

王琳 译

机械工业出版社
CHINA MACHINE PRESS

Meine Grenze ist dein Halt: Kindern liebevoll Stopp sagen / by Nora Imlau/ ISBN: 978-3-407-86742-1

Copyright © 2022 Beltz Verlag in the publishing group Beltz · Weinheim Basel

Copyright in the Chinese language (simplified characters) © 2023 China Machine Press

This title is published in China by China Machine Press with license from Beltz.

This edition is authorized for sale in the Chinese mainland (excluding Hong Kong SAR, Macao SAR and Taiwan)

北京市版权局著作权合同登记　图字：01-2023-1023 号。

图书在版编目（CIP）数据

对孩子说"不"：父母有边界，孩子守规则 /（德）诺拉·伊姆劳著；王琳译. —北京：机械工业出版社，2023.9

ISBN 978-7-111-73542-7

Ⅰ. ①对… Ⅱ. ①诺… ②王… Ⅲ. ①家庭教育 Ⅳ. ①G78

中国国家版本馆CIP数据核字（2023）第135372号

机械工业出版社（北京市百万庄大街22号　邮政编码100037）
策划编辑：陈　伟　刘文蕾　　责任编辑：陈　伟　刘文蕾
责任校对：王荣庆　梁　静　　责任印制：张　博
北京汇林印务有限公司印刷
2023年9月第1版第1次印刷
145mm×210mm·6.25印张·102千字
标准书号：ISBN 978-7-111-73542-7
定价：59.80元

电话服务　　　　　　　　　　网络服务
客服电话：010-88361066　　机　工　官　网：www.cmpbook.com
　　　　　010-88379833　　机　工　官　博：weibo.com/cmp1952
　　　　　010-68326294　　金　书　网：www.golden-book.com
封底无防伪标均为盗版　　　　机工教育服务网：www.cmpedu.com

献给弗里茨，

为了她的家庭，

为了让孩子能有幸福、自主的生活，

她不断地扩展自己的边界。

前　言

"你不能把你的毛绒玩具带进浴室。"

"不，你必须要刷牙。"

"别往你弟弟头上扔沙子！"

"停！小心点，看路！"

"不，你必须要去学校。"

"不，我现在不想讲故事了，一个小故事也不行。"

这些都是我在过去 24 小时里所说过的话。当然，我还说了更多的"不""别……"以及"快停下……"。我有 4 个孩子，他们的年龄在 2 岁到 15 岁之间，为了保证情绪稳定，我每天都要给孩子们发布这些明确的指令。如果我不这样做，我肯定早就疯了。尤其是年龄小的孩子，他们总是会需要这个、需要那个，要求这个、要求那个，这通常会让父母们没有喘息的机会。如果他们不在某个时刻给孩子一个明确的指示，那么可能最终会陷入崩溃、疲惫和绝望的状态。

　　这不仅是我从书中读到的，也是我的亲身体会。清楚地认识和维护自我边界，对我而言并不是件容易的事，也不是总能做到。恰恰相反，和许多母亲一样，我们都落入了这样的陷阱：对孩子总是特别亲切、温柔和充满爱意，时刻将他们的需求放在自己的需求之上，将自己放在一个次要的位置。我们会想，孩子毕竟还是孩子，而我们已经是成年人了——因此有时可以把我们的需求向后放一放。

　　当然，我们也会设定明确的界限。比如：孩子必须早晚刷牙，不能打架，进门要脱鞋，等等。但是，那些年，我几乎已经失去了自己的边界。我尽可能少地对他们说"不"，除非是比较紧急的情况。我希望，我的孩子能感觉到，我在全心全意地对他们说"好的"。我和孩子之间应该是亲密无间的，是无条件地彼此信任的。我的孩子在我这儿不会被拒绝，我愿意不计代价地为他们付出。

但总体来说，这样做的代价很大。在伟大的母爱和美好的想象面前，我忽略了一个事实：即父母对自我的忽视，最终会造成自我的耗竭。

一个任职于家庭辅导中心的心理学家对我说："你要学会设置自己的边界，否则你就可能被掏空。这就好比，人们从一个空罐子里舀不出东西来一样。"

事实上，我发现，这个罐子的比喻非常形象：当我自己的内心是空虚的，我怎么可能满足孩子们的需要呢？尽管如此，我还是拒绝了心理学家让我设置边界的建议。因为我知道，在所有的育儿书中关于设立界限的含义：父母对孩子要严格、坚定，不能向他们让步，要建立一系列的规则，必要时让他们体会受惩罚的后果。父母必须让孩子知道谁是家长。如果他们不听话，就会受到惩罚。孩子必须守规矩，否则他就会变成家里的小霸王！

"哦，不，谢谢。"我不想按专家说的这么做。我不想只是因为我累了，就通过设立边界来破坏我和孩子之间良好的亲子关系。

这种情况又持续了几年，直到今天我才恍然大悟，设立边界不一定要强硬或严苛，维护边界也不等于使用暴力。对父母和孩子来说，最关键的是，它要温和且明确。这不仅是对我而言，对我的孩子来说也一样。

那么，具体该如何做呢？父母该如何学会在不盛气凌人、刻薄和强势的同时，设置和维护自己的边界呢？他们如何用充满爱的方式来设置边界，包括对自己，以及对孩子的界限？这些问题我都会在这本书中一一加以解答。我也真诚地希望其他家庭不要像我一样：多年以来背负着超越边界的重负，而最终才明白，在一段关系里，最有爱的回应不是无条件地满足对方，而是在需要时给予对方一个温和且明确的拒绝。

这个想法，是在我参加了一个名为"维护爱的边界"的线上研讨会后产生的。事实上，父母们在这方面诉求很多。一位参与会议的母亲给我写信："在我的边界被孩子们破坏之前，在我不想成为那种焦躁的母亲之前，我终于学会了设置边界并维护它。"另一位母亲说，她第一次知道了，如何在不越界的情况下，接受并处理由孩子的愤怒所带来的挫败感。

这时的我才明白：我们这一代父母需要一本书，是关于如何设置和维护自我边界的。和上一代父母相比，我们会更多地考虑孩子的诉求，但正因为如此，考虑我们自己的需求有时会很难。当然，另一方面，我们有必要一直对孩子的需求说"不"吗？我们要把"停下"这个词一直挂在嘴边吗？当然不是。有许多方法可以调和孩子和父母之间的需求冲突，毕竟在家庭生活中保持温和的态度以及相互包容是非常重要的。但如果要在家庭中保护每个成员的边界，我们就必须打破对"不"这个带有强硬色彩的词的恐惧。就如同我们的孩子对一些不喜欢的事，可以很自然和坚决地说"不"一样。说"不"真的有这么重要吗？当然是这样。我相信：我们——作为父母——必须要明确和真诚地说"不"，这样做是为了在面对孩子、面对亲子生活、面对我们内心隐藏的需求和愿望时，说"是"。我们的制止或拒绝并不一定都是强硬、不容置疑和严格的。它也可以是友好、温暖和充满信任的。一个不会让人害怕的、没有鄙视和贬低的禁止，一个亲密的、充满爱的但又明确的拒绝，才是我想要在这本书中所展现的。

目　录

前　言

第一章　欢迎来到我的"花园围栏" ⋯⋯⋯⋯⋯⋯⋯001

　　你在哪儿停下，我就在那儿开始 ⋯⋯⋯⋯⋯004

　　人们需要边界 ⋯⋯⋯⋯⋯⋯⋯⋯⋯⋯⋯⋯⋯013

　　实践练习　我的柔软和温暖的边界 ⋯⋯⋯⋯⋯017

第二章　学会感受自我边界 ⋯⋯⋯⋯⋯⋯⋯⋯⋯⋯019

　　我们不需要"设置"边界 ⋯⋯⋯⋯⋯⋯⋯⋯⋯023

　　实践练习　做一次身体检查！ ⋯⋯⋯⋯⋯⋯⋯039

第三章　维护个人边界 ⋯⋯⋯⋯⋯⋯⋯⋯⋯⋯⋯⋯041

　　让边界变得更容易接受 ⋯⋯⋯⋯⋯⋯⋯⋯⋯045

　　个人边界和心理负担 ⋯⋯⋯⋯⋯⋯⋯⋯⋯⋯050

第四章 好的边界体验 ················· 055

遵守边界并非一件易事 ················· 060

实践练习 识别边界逼近的信号 ··········· 068

第五章 具体地展现边界 ··············· 073

是边界还是固有的观念 ················· 076

实践练习 改变观念 ·················· 082

我的边界，你的边界 ··················· 086

第六章 "不"，一个强有力的词 ·········· 089

一个宝贵的词："不" ·················· 097

实践练习 停顿 ···················· 098

实践练习 每个"不"都是一枚硬币 ········· 105

第七章　面对冲突，我们该怎么办 ·················· 107

　　　　不同的地方，不同的规则 ····················· 111

　　　　是协商还是要求 ····························· 114

　　　　实践练习　学习长颈鹿 ····················· 117

第八章　对症下药 ······························· 121

第九章　自我照顾 ······························· 129

　　　　实践练习　我为什么会痛苦 ················· 134

第十章　维护边界并非一直行得通 ··················· 137

　　　　边界是一种特权 ··························· 142

第十一章　人和人之间也有不同的边界 ················· 145

第十二章　没有压迫和惩罚的边界 ·························· 153

　　第一个工具：心里有数 ················· 154

　　第二个工具：个人表达 ················· 155

　　第三个工具：深谋远虑 ················· 156

　　第四个工具：优先意识 ················· 159

　　第五个工具：配合能力 ················· 160

　　实践练习　激发孩子的合作意愿 ············· 163

　　灵活让步和可控实施 ··················· 166

结　　论　充满爱意地说"不" ··················· 175

拓展阅读 ····································· 180

致　　谢 ····································· 184

第一章

欢迎来到我的
"花园围栏"

我第一次意识到"边界"这个词，是在 6 岁的时候，当时我在电视上看到柏林墙倒塌了，人们为此欢呼、拥抱。新闻主播在电视机里说："这个国家不再有边界了！现在，原本属于对方的我们可以一起成长了！"有时我在想，是不是因为我的父母是德国人，当我们说起"边界"这个词时有种不舒服的感觉，所以使得我对"边界"这个词的理解不够准确：当我们谈到边界，就是指国家之间的边界，但其实它同样也会用于个人、情感以及身体的边界。

上述事件说明了，在地理和社会领域所使用的边界，和在孩子身上使用的边界是一回事。这看起来并不是巧合。相反，它的背后反映了更多问题：在我们的社会中，对于边界的维护和捍卫总是与权力的展示和暴力联系在一起。"不强硬是不行的",这种观念在几代人的心中根深蒂固。正是因为这种想法使我们今天很难去重新思考边界的问题。

因为我们对温柔、柔软和有爱的边界并不了解,我们的脑海里没有过这样的画面,也从未看到过这样的示例。我们所知道的边界是带有伤害性的,也是基于威慑和恐惧的,否则它就无法发挥作用。一些德国人在拒绝更多的难民进入德国时,会强调情感强硬的必要性,"我们不能被孩子的眼神所绑架"。类似的说法也出现在大量的育儿指南中:父母不能被孩子的眼泪所软化,或者展现出软弱。谁要是屈服了,谁就输了。

令我高兴的是,越来越多的父母对此类无稽之谈表示质疑。他们也不愿意通过恐吓来让孩子听话。是的,我也赞同,这种借助专制手段设置的边界最终要被摒弃,取而代之的是,为每个家庭成员创造空间,从而满足他们的需求。父母不应该直接决定怎么做或者惩罚孩子。然而这其中最大的困难是,如果我们需要边界,但同时又不去设置它,那么现代家庭中所需要的支持、爱和联系,都无法在其中发挥作用。因为边界除了可以展示专制权威之外,也是我们维系美

好生活的必需品。所以我们首先要学会把界限从之前长久以来形成的，与暴力相关的认识中摆脱出来。这里不是重现旧的专制模式，而是以一种新的视角来展示和维护边界。这实际上并不容易，但确实有效。让我们就从这里开始吧。

你在哪儿停下，我就在那儿开始

当人们在讨论教育时，常常会出现两个截然不同的观点，这不仅仅是因为不同的立场，也和定义的含混不清有关。正因为如此，我们总是在无休止地争论，比如从本质上看，教育是否等同于暴力？如果我们不事先就谈论的问题达成一致，那么后续的交流就会是无效以及令人失望的。所以，首先我们要讨论，当我们谈到边界时，我们指的是什么，是规则？法律？还是惩罚？

不，以上都不是。在这本书中我们谈论的是心理学层面上的边界。它涉及的根本问题是：我在哪儿停下，你在哪儿开始。因此，我们首先要尝试抛开心中和边界相关的概念，如障碍物、城墙等，而去考虑一种更为基础的边界，也就是每个生物赖以生存的，在其外部包裹着的壳。植物、动物和人都有这样的壳，它标志着该生物与周围环境之间的界限。对我们人类来说，就是我们的皮肤；对树木来说，是树皮和树叶的最外层；对动物来说，就是由鳞片、羽毛或毛皮组成的，与外界隔绝的屏障。这些外在边界有一个共同点：如果没有这个生物结构将我们的内在聚集在一起，我们就会死去。这就是我们与外界的边界。它不包含任何敌意或者暴力色彩，为了让我们可以存活下来，它只是客观地存在着。我们周遭所有的生物体都有这样的界限，这使得它们可以存活下来，我们也能因此感觉到它们的存在。因为它们这个看得见、摸得着的壳，让我们可以保护它们。比如，看到了虫子，我们不会踩到它。相反，如果我们破坏了生物的外壳，那么后果可能会比较严重。如果只是轻微地受伤，它可能会很快痊愈。如果伤得比较重，它就可能会死掉。**换句话说，一个完整的外部边界保护着每个生物体的内部。**因为外部的保护是如此重要，所以我们的身体不只仅有一层保护壳。我们的神经、骨骼和器官，都被一层层的保护膜所包裹着。为了保护我们，层层的保护膜在身体内部排列。其中的一些我们可以看到和摸到，但其他的却非常隐秘，但它们对我们来说都是非常重要的。

有保护作用的边界与我们的生命有关，这对每个有机体来说都是一样的。不仅我们的身体如此，我们的心灵也需要安全感和保护。而事实上，我们也有这方面的生理机能。例如，我们会在内心设置一定的社交距离：我们在购物时，遇到熟人会停下来聊天，但会自动地与对方保持大约一臂的距离。这种无意识的距离也就是所谓的"舒适区"：如果有人超过了这个距离，离我们太近，我们就会觉得不舒服。和大多数边界一样，这种边界不是固定不变的，它会根据实际情况灵活地发生改变：相比于邻居，我最好的朋友可以离我更近一些，我的孩子则更加亲近。然而"舒适区"的扩大或者缩小，并不能改变它客观存在的事实，也不能改变它会对我们的幸福生活产生巨大影响的事实。

当有人进入我们的"舒适区"，我们感到的不仅是不舒服，甚至有时还会感受到威胁。但过远的距离也会让我们不高兴，因为会有一种自己被拒绝的感觉。因此在疫情期间，对许多人来说，在私人聚会中很难保持规定的一米半的安全距离。当时我在散步时总会遇到我的一个朋友，我们还是会和之前一样靠近对方，但为了保持必要的距离，我们又退后一步。但聊着聊着，我们又会无意识地越走越近。这是因为社交距离微妙地拉开或缩小，会让我们在心理上感觉到彼此情感亲近程度的变化。**通过彼此靠近，我们向对方展示了我们的亲密关系。**我们的边界会展现给对方，但也会随着我们与对方关系的不同而不断地发生改变。

除了这种不断变化的"舒适区"，我们还有许多其他无形的边界。这些边界因人而异，它们与我们的需求、特点、信仰、道德、创伤和其他糟糕的经历有关。我们都会有一个关于个人能力、压力、羞耻感、认知和情感的边界。而这些都决定了我们成为什么样的人。我们在外部有一个看得见、摸得着的壳，在内心深处以及周围有很多不同的保护壳，这些都在保护着我们，使我们得以存活。**我们的边界让我们成为真正的自己。**

为人父母之后，我们的界限也会随之发生变化。很多父母感觉，孩子出生后，他们与孩子融为了一体，并不再有自己的边界。孩子是他们的，他们是孩子的。

**我们的边界让我们
成为真正的自己。**

但对另一部分父母来说，最初孩子对他们来说是陌生的，他们为自己和孩子之间存在的这种边界而感到羞愧和不舒服，因为父母和孩子之间不应该有边界，不是吗？

事实上，这两种现象都非常常见，也没有很糟糕。有些父母感觉和孩子是融为一体的，而有些父母则需要和孩子逐渐建立亲情的纽带。这些都是人类发展过程中的一部分，也是实现成功亲子关系的不同步骤和路径。家庭中的父母也往往采用不同的方式来对待孩子，一方是一种，另一方是另一种。这很正常。

对我来说，感到与孩子"融为一体"是一个身体的感知过程。在怀孕期间，他们生活在我的体内，出生之后，我仍感觉他们是我身体外的一部分。毕竟，在几个月的时间里，我能日夜感觉到他们在我体内不停地踢来踢去。他们出生后，因为脐带的关系，他们会感觉我的身体是他们的家，也是他们生命的保证——至少我是这样认为的。是的，当然，我的孩子也有父亲，他也可以关心和照顾孩子。但从情感上来讲，对我而言，我的孩子就是我的，我们之间没有任何边界，没有什么可以把我们分开。

我描述的这种感觉不是一个普遍现象。我只是想通过我的经历说明，孩子给母亲带来的这种身心上的体会，可能会使得母亲对孩子和自己的边界感逐渐消失（不是一定的）。但没必要担心。是的，甚至有迹象表明，年轻父母面对孩子时所表现出的情感上的放任和边界感的丢失是由荷尔蒙引起的。因为孩子出生后，在父母血液里检测到催乳素的水平会升到最高值，这会让父母变得特别有爱心，愿意自我牺牲，也就导致父母会经常不知不觉地越过自己的边界。从进化的角度看，这可能是一个成功的法则：当婴儿得到他所需要的东西时，我们甚至没有意识到自己付出了多少。

在一段时间内，父母和他们年幼孩子之间保持的这种共生关系并不是一件坏事。只是这段时间应该持续多久？其实，我们很难找到这个问题的答案。因为我们在这方面所接触到的信息都是矛盾的。对年轻父母——特别是对年轻妈妈——的育儿建议一般都是：你可以牺牲自己，但不要溺爱你的孩子！

这一方面和德国文化中的教育历史有关，另一方面与现代对需求方式的误解有关。我用一个例子来简单地解释一下。婴儿的哭闹会带给我们压力，我们想让哭声停止。但这时，我们的脑子里会出现好几种声音，它们会告诉我们现在该怎么做。其中的一些来自我们自己的经验，一些来自社会的集体育儿观念，还有一些可能是从书本或互联网上学习到的。我们的经验可能会说："安慰孩子，但不要把他抱起来。"这是受两百年育儿史的影响：孩子最终要学会自己平静下来。如果你总是把他抱起来，他就永远也学不会。"这是胡说"，社交平台上的一个网红教育博主说，"把你的孩子抱起来，不要放手。婴儿向来需要亲近。"因此，父母们常常觉得他们要在两条完全不同的道路中做出选择：一个是传统的、强硬的教育方式，另一个是新式的、充满爱的教育方式。这里的问题是，传统的方式往往会忽视孩子的需求，因此他们的需求长期得不到满足；而在新式的、温柔的、充满爱的育儿方式中，父母的需求则无法得到满足。虽然不让孩子哭闹，亲密地陪伴孩子是正确的，但这种方式会很容易让家庭陷入这样的一个困境：只以孩子的需求为主，甚至会持续很多年。一个刚出生的婴儿长成了一个爱哭的孩子，这个爱哭的孩子会慢慢长大，进入幼儿园、小学。但是，如果一个年轻的母亲在心里暗暗发誓，永远不让自己的孩子哭泣，那么当孩子长大一些后，这意味着什么呢？难道当孩子一到两岁时，就要打破之前自己的承诺吗？这种保护方式会一直延续到幼儿园吗？相比与一个新生儿的眼泪，一个上小学的孩子的眼泪不重要吗？

我在许多家庭中观察到，在婴儿刚出生的几个月里，父母会竭尽所能地满足孩子的需求，并且习惯不断地满足他的各种需要。因为这样做会感觉很好，避免了冲突，同时也使得孩子表面上得到了满足。然后他们也不知道未来该如何摆脱，该什么时候摆脱。无论是 3 个月还是 3 岁，孩子哭了都变成了一件可怕的事。我们难道不想让孩子不再哭泣吗？

当我不想让我的 3 岁孩子哭泣时，我会遇到问题。因为他会非常任性地、并大声地说出他的需求。当然，也可以置之不理，无所谓。但不可避免的是，孩子的需求有时和我的需求产生矛盾。这种情况要怎么办？我应该如何拒绝他，我该在他几岁时拒绝他？我该以什么样的理由拒绝他？什么时候我的考虑是自私的，什么时候这种考虑又是非常必要的？当孩子能够理解边界这个概念时，我可以开始维护自己的边界吗？如果是这样，应该什么时候开始？什么是最合适的呢？

诸如此类的问题我几乎每天都会遇到，每一个问题背后都有巨大的、令人痛苦的压力。这个压力在我看来是当越来越多的父母满怀信心、干劲十足地准备和孩子建立亲子关系时，会突然惊慌地发现，不知道从什么时候开始，之前的办法不再起作用了。因为并不是每一个冲突都能用温和、耐心的方式在短时间内解决；因为有时候人们的需求是对立的；因为许多温和的、提倡以孩子的需求为主的教育专家，在面对父母要如何应对以上这些问题时，是沉默的。我知道是因为我自己经常碰壁。当我要面对非常固执的孩子时，我总希望在相关的书籍或者博客上找到答案，但常常一无所获。当然，我会收获很多温暖的话语，比如，鼓励我喝一杯热茶，泡一次澡或者关心一下自己。但是，当孩子还想在操场上玩耍，一点也不想回家，我的脚却几乎要冻僵了时，我该怎么办？没人能告诉我。今天我终于知道原因了。

因为相比起执行、边界和权力等话题，讨论爱、信任以及亲密的亲子关系在当今社会中更容易被接受，也更会让人产生美好和愉快的感觉。尽管人们经常谈亲子关系是什么，我们是如何感受这些关系的，但我认为更重要的是，我们总是缺少明确的边界和践行边界的勇气。我们考虑的，不仅是让所有人都满意，还要考虑如何来面对激烈的反抗。

人们需要边界

《儿童需要边界》是一本 20 世纪 90 年代教育类的畅销书。当我们小的时候，我们的父母基本都读过这本书。这本书不是那种会让你直接忽视掉的书，也不是会引发你尖叫的可怕的书。恰恰相反，这本书的作者罗格在其中谈到了很多关于信任、联系和理解的话题。书中的表达是友好和友善的。在罗格看来，孩子不是暴君，他们只是没有能力，他们还在寻找自己的方向。孩子是需要边界的，虽然直到今天它仍旧被父母更多地用于对孩子没有听话的惩罚。举个典型的例子："如果你还磨磨蹭蹭的，我就没时间给你讲故事了。""如果你不刷牙，你就不能吃巧克力。""如果你不做作业，就不能上网。""如果你不吃西兰花，就不能吃甜点。"这种温和的方式其实包含了威胁。

可以说，旧时那种专制的边界被现代、友好的边界所取代。但其实这是个虚伪的谎言！明确地说，我这本书不涉及这类边界。在我看来，通过向孩子施压，让他们按我们的意志行事，这与亲子关系中应有的基本价值观不符。除此之外，只有孩子才需要边界，这个基本假设也完全不成立。父母总是一而再再而三地强调一句话：孩子需要边界，否则他们会误入歧途。仿佛这是一个不容置疑的真理。作家安德烈·斯特恩在演讲中经常通过一个群体，来说明这句话实际上带有歧视的色彩。例如，如果他提出"女性需要边界"，那么观众中会立刻有人反驳："不能这样说吧？难道只有女性需要边界？而男性就不需要？"斯特恩说："就是这个意思。那么难道只有孩子需要边界，其他人就不需要了吗？"

当然，从内容上讲，"孩子需要边界"这个说法并没有错。正如女性、教师、柏林人和太空旅行者一样，他们都需要边界。**我们每一个人都需要边界。**但是，如果我们从语言上突出强调某一类人，那么实际上我们是将对此类人的设限合理化，而这种设限并不适用于其他类人群，同时剥夺了他们给自己设定边界的权利。而这正是几百年来我们的孩子所遭遇的。他们没有被看作是成熟的人，因为他们并没有发育完全，所以被看作是价值较低的群体，所以他们和成年人有着不同的规则，同时获得了较少的尊重。直到今天，在日常生活中还存在着对年轻人的结构性歧视。结构性歧视是一个专业术语，当我们在谈论家庭生活中的边界时，一定会涉及这个词。因为在过去的几十年里，人们给孩子设定的"边界"，大部分都是成年人视角下的歧视和不尊重。成年人发号施令，孩子只能服从。这被认为是天经地义的。孩子被强制地限制，类似于独裁专制。父母和老师能够自己决定什么是被允许的，什么是被禁止的，并惩罚不遵守边界的孩子。对于孩子来说，这种方式很长一段时间以来被简单地称为：教育。

2016年柏林布赖特沙伊德广场发生袭击事件之后，我们的城市突然出现了巨大的混凝土护柱。灰色的、沉重的柱子屹立在那里，堵住了通往圣诞市场的道路。当然，这是出于安全的考虑。这些仿佛一夜之间冒出来的、巨大的灰色混凝土护柱明确地标记了边界——当大人对孩子设限时，孩子的感受就和这种设立的柱子带给人的感受一样。停，这里关门了；路封了，禁止入内；停，这里有个柱子。到处都是混凝土筑成的墙。所以，在这种专制的结构下成长起来的人，经常会把自己童年的家比作是监狱，这是必然的。因为孩子天生不仅需要安全和保护，还需要自由和自主。他们需要机会去发现自我，去经历冒险和犯错。他们必须自己尝试、经历，为此他们需要体验的空间。如果孩子被父母的禁令所限制，那他们会感觉像被囚禁一样——而对其他人来说，他们看不见那些到处限制孩子童年的"巨大的混凝土护柱"。

如果说那些随意摆放的、屹立不倒的、巨大的混凝土护柱或多或少代表了权威专制教育中的边界，那么"花园围栏"则代表了面对面、相互尊重、紧密联结的边界。一个简单的花园围栏由木头制成，它将一块地与另一块地分隔开。这种围栏不会给人带来威胁感，也没有特别高或巨大。它只是为了标记边界：从这里开始是我的区域，非请勿入。花园围栏不会让人害怕，这也不是它的任务。它不是用来吓人的，也不能起到威慑或防御的作用，因为它不是不可跨越的。相反，作为一个不太喜欢运动的人，我可以轻易地翻过我们家附近的大多数花园围栏。但我没有这样做。因为围栏向我展示了，从这里开始，是另一个人的空间了。这才是亲密型亲子关系的核心：我们不想在我们和孩子之间筑造混凝土护柱，不想建造一个让孩子保持距离的堡垒，也不想用边境守卫和报警系统恐吓他们。我们只是给自己弄了一个小的花园围栏，用以告诉他们，父母的区域是从哪里开始的。然后，我们也可以邀请他们进入这个围栏，聊一聊关于爱和边界的话题，以及两者间该如何联系起来。

实践练习

我的柔软和温暖的边界

当你试图在脑海里想象你的个人边界时，你会想到什么？一段围墙？带刺的铁丝网？或者完全不同的东西？

在我的关于"边界"的研讨会上，我邀请父母们借助一个小游戏，让他们有意识地去改变内心的边界。在游戏中他们需要一些非常柔软、可爱的材料。手工毛毡就很合适，或者羊毛、棉花也可以。用这些东西在他们的周围做一个柔软、温和、具有保护性的边界，但同时又不会吓到其他人。它非常柔软，你的孩子碰到这个边界时，甚至可以拥抱它。这样的话，即使你展示你的边界，也不会有负疚感。

为了在你的潜意识里强化这种内在的边界，我邀请你创作一件小工艺品：拿一块坚实的画板或其他合适的底板，在中间粘贴一张你自己的照片。然后围着照片，在其底部粘上一圈毛毡、羊毛或棉花。这样你所做的边界看起来会非常漂亮——你甚至还可以用闪闪发光的小石子或贴纸来装饰它，然后把这张照片挂在你能经常看到的地方。要记住，你的边界不一定要有威胁性才有效，边界应该从内到外都是柔软且具有保护性的。

第二章

学会感受
自我边界

能够感知并维护自己的边界并不是一件理所当然的事。今天的许多父母都还没有学会这项能力。尤其是女性。因为谁可以代表边界以及应该如何做，这些问题在我们的社会中被严重地性别化了。在许多家庭中，女性负责维护家庭的稳定。这是出于传统的角色分配，从父权制社会遗留下来的。在现代开明的家庭中，这样的分配仍然会导致那些敏感、善解人意的女孩背负很多的责任：减轻母亲的负担，让父亲开心，维护兄弟姐妹之间的和谐。当然，也有男孩同样在这样的家庭角色中成长起来。这样的结果总是相似的：那些觉得有责任维护家庭和谐、稳定的家庭成员放弃了自己的边界，将自己的需求放在一旁，而将所有的注意力都放在他人的需求上。

　　特别是当父母的精神和身体负担过重，或是家庭关系不和谐时，这种孩子的变化表现得尤为明显。在这种家庭中，孩子常常会在情绪上照顾自己的父母和兄弟姐妹。**这里有个相对应的专业术语——"家长化"，即孩子承担了父母的角色。**孩子通常会因为承担了这个重要的、有责任感的角色而滋生出一种自豪感，但同时，往往会因为这份原不属于他们的责任而在情绪上压力过大。为了减轻这种压力，他们会不断地挑战自己的承受极限，并用特别的投入和独特的价值感来安慰自己。**因此，许多人在童年时，就接受了这样一种设定：在一个集体中，要想赢得爱和关注，就必须通过自己的努力去争取，并放弃自己的需求。**这些想法会影响他们很长时间。那些没有学会看重自己的人，在成年后往往很难站在自己的立场上去看待问题。与之相反，因为他们在孩童时期就已经承担了太多的情感责任，在成年后往往会无意识地重复这种模式。他们考虑的责任、关注的对象只是家庭里其他成员的幸福感，而不是他们自己的。

　　并不是每一位父母在一定程度上都受到过这种童年经历的影响，但我总是特别担心，因为那些充满爱意、全身心投入和尽心努力的父母经常告诉我，他们的人生是要对生活里每一件事和每一个人负责，但他们从来没有学会去爱护自己。长期对自身需求的忽视往往会导致恶性循环。因为就像孩子的需求很少会消失一样，虽然我们忽视了自身的需求，但它也不会在某个时刻就消失不见了。相反，它们像热锅里的蒸汽在我们体内积聚。从外部看，这种需求可能很长时间都不会被觉察，甚至我们自己也习惯了这种长时间的压抑，以至于对此毫无意识。然而，如果发生了一些让我们在情绪上没有准备的小事，我们就会失望或受伤。就好像压力锅的盖子一样，会意外爆炸，压力中积聚的一切都会不受控制地爆发出来。

而不幸的是，往往是孩子触发了我们被压抑的需求和情感的爆炸——他们并不是出于恶意，只是因为他们和我们太亲近了，懵懵懂懂的却往往能抓住我们的痛点。如果他们是因为父母失去理智而突然被吼、被骂或受到指责，这对他们来说当然是一个可怕的惊吓。毕竟，他们情绪上的安全感是建立在父母是他们的避风港这一事实之上的：父母是可靠的，会永远支持孩子。不受控制的愤怒与这种安全感恰好相反。优秀的父母知道这一点，所以他们总是事后内疚，向孩子道歉，并下定决心不再这样做，继续默默地收起自己所有的需求——直到最后一根稻草压到了骆驼身上。

其实有很多技巧和窍门可以帮助父母摆脱这种破坏性的循环。可以试着做呼吸和放松的练习，慢慢地从 1 数到 10，画曼陀罗绘画，喝杯茶。父母要明白，孩子并不是故意惹自己生气的，对孩子喊叫就和打他们一样。让我们抓狂的那些事其实是孩子成长过程中必须要经历的。但我确信，从长远来看，真正能帮助父母的，是了解和保护个人边界，这样父母就不会再对孩子大喊大叫、不再推搡孩子、不再乱扔东西、不再摔门、不再对孩子骂脏话以及禁止孩子做这做那。我们的需求被长时间忽视了，直到它们在我们的耳边回响。我们现在要停止这种情况，要开始感知自己到底需要什么，正视它，即使这对我们来说很陌生，也会感觉到不习惯。

我们不需要"设置"边界

当谈及教育中的边界时，它总是和动词"设置"搭配在一起。就像我们在报纸上读到的，因为父母忘记了设置边界，所以当今孩子的行为不够规范，为此老师要设立更多的边界，包括幼儿园的老师。幸运的是，还有一部分父母为孩子设置了边界。这些孩子长大后就成了举止得体的人。到底应该如何看待边界的设置？现在，这是由成年人来决定的。父母通常会这样设置边界：停，这里就是边界了，如果跨过去就会受到惩罚。

让我们思考一下，这些有关教育理解的短语表达了什么：谁来设置边界，谁就决定了边界是什么。例如，如果我为幼儿园的后援会组织一个跳蚤市场，那就由我来决定什么时候举办这个市场，我能从每个摊位中赚多少钱。这些框架条件被设定好了，就形成了"规则"：事情就是这样，没有商量的余地，这是我想出来的，它是对的。我是老板，我制定规则。谁要是不喜欢，可以不参加。

如果我们想做成某事，而不是迷失在数十种不同意见中，这种设置没得商量，快速做决定的方法可能会很有用。但它不利于人际关系。因为如果我们想与他人保持联系，想把他人的想法纳入我们的决策中去，那么我们所坚持的、快速的决策是毫无意义的。我们需要更多的耐心去感知自己和对方的边界，最终使双方都能得到一个满意的结果。

　　几百年来这种要求没有出现在儿童教育中。相反，我们教育孩子不要争论，要听话：由父母来决定孩子可以做什么，不可以做什么。这种边界的设置通常是武断和专制的，父母制定了相应的规则，并以惩罚的方式来威胁孩子要遵守规则。父母在家庭中有如此大的权力。孩子属于父母，他们有权按照自己认为对的方式来塑造孩子。这种观念在我们的文化中已经根深蒂固，并被合理化了。

　　即使在今天，仍旧有许多父母按照这种想法和孩子相处：我们是父母，由我们决定。我们可以决定孩子和谁一起玩，必须做什么运动，裙子、衬衫可以有多长或者多短，如何做一个男孩，或做一个女孩。所有的这些都源于一个想法：我有权按自己的喜好来决定我的孩子。

　　这也是我对设置边界的理解：从不容置疑的权威出发，设置一些没有联结的混凝土护柱。所以我认为，我们应该停止设置这种边界，它是蛮横的。

　　但这并不意味着我们应该立刻丢弃边界。相反，我们要停止随意地设置边界，要从一个全新的视角来看，边界可以是什么样的，我们可以用边界做些什么。我们可以感知自己和他人的边界，可以尊重他人和自己的边界，可以信任边界，可以维护边界并自信地捍卫它，可以保护自己的边界，可以有意识地越过边界，也可以标记边界并重新设置它。

现在整个主题呈现了一个全新的基调。有很多父母会说，虽然他们设置了边界，但他们还是充满爱地、友好地对待孩子。生活不是非黑即白，家庭生活当然也不是。但我相信，质疑和思考这些传统的语言表达是值得的，我们要反思，它们反映了什么样的自我理解和教育观念，然后去寻找更符合自己的价值观和自我理解的词汇。因为语言是强大的，它会深刻地影响我们的感知和行为。

我的好朋友英克·胡梅尔是一名教育工作者兼家庭顾问，她曾告诉我，当父母在和她谈到要为孩子设置更多的边界时，他们的身体会不由自主地绷紧起来，会收紧肩膀和肌肉。我的朋友说："他们会变得很僵硬。"父母想让自己强硬起来，因为他们认为，设置边界的人必须表现出强硬。而当我的朋友和这些父母谈论他们的个人边界，以及他们可以带着爱去维护自己的边界时，她会时不时地观察对方，看他们的身体和面部如何放松下来，他们变得不再僵硬。我确信这也同样发生在实际的家庭生活中。如果孩子把我们惹急了，我们就会决定，现在要给他们设限。在思考这件事的过程中，我们会变得强硬起来。许多父母跟我讲过他们的这个时刻，以及他们后来所做的决定：不再退让，不再心软，不再友善。但对许多父母来说，这些都是被动选择。一位母亲在我的一次演讲后哭着说："我无法简单地让一切就这么过去。但我必须要说：现在都结束了！"

是的！她一定能做到。每个人都能做到。我们不必这么强硬。我的观点是：我们不要仅局限于"设置边界"和"放任不管"这两个选项，而是要看看，在这两者之间的亲子关系该如何处理。

我们不必设置边界。
边界已经在那里了，
我们只需再次感受并将它展示出来。

如果我们谈论个人边界时能更具体一些，会非常有帮助。"边界"一词是一个非个人化的词，许多家庭都在使用。无论是孩子并不想被包裹在襁褓中，还是想偷偷地抓小熊软糖吃，无论是父母在工作时不想被经常打扰，还是他们只想让自己度过一个安静的、不受干扰的夜晚，都可以用一个简单的方法解决：给孩子设置更多的边界和规矩。因此，许多父母认为，在一个家庭中，只有孩子需要边界。对父母来说，他们必须制定规则并始终保持规则的正常运行。

这样做的结果是什么呢？我曾近距离观察过邻居一家的生活日常：父母为他们两个年幼的孩子制定了一个全面的规则清单，细节包括他们吃什么，什么时候吃，可以看多久电视，什么时候跑步，什么时候能骑（儿童）自行车，晚上睡前的流程是什么样子的，洗澡、刷牙以及洗头的规则是什么。当父母刚刚就这些问题达成了共识，压力就随之产生了。因为孩子们肯定没兴趣一直遵守这些规则。他们会抗议、抗争、争论。有时，父母中的一方会让步——而到了晚上，父母双方就会起争执，因为他们没有步调一致地维护规则。在一次争吵中我听到，一方说："我不介意小家伙把饭菜弄得到处都是！""但我很介意！"另一方反击道，"如果你同意孩子这么做，而我不同意，他该怎么办呢？"

"越过我们对个人边界的认识"，我本来想对他们说，当然我并没有。但正是这个想法会解决整个困境。基本的思路是，我们不要把所有的精力都放在一件我们本就不是特别支持的事情中。相反，对我们来说很重要的事，我们要明确和果断地支持它。当然这样就会产生不同的结果——在一个家庭内部也是如此。例如，我的丈夫对吃饭和走路发出的声音非常敏感，他完全无法忍受这样的"噪音"。当我们一起吃饭时，这样的声音会让他很快没了胃口。所以在孩子小的时候，他就会在吃饭时反复提醒孩子，不要发出声响，因为这让他很不舒服。这就是他的个人边界。他会以明确、温和的态度和孩子沟通。当他不在身边时，我 6 岁的儿子有时会说："太好了，现在我们吃饭可以发出声音啦。"的确是这样，我并不介意孩子吃饭时发出的声音。因为我的个人边界和我丈夫的并不相同。再比如，我讨厌孩子突然挠我痒痒。我已经跟他们说得很清楚了，所以他们也就不再这么做了。相反，我的丈夫经常会对孩子们的挠痒痒表示出很吃惊的样子——然后也会加入他们，和他们一起玩。**保护个人边界时**

我们要抛弃这样的想法：孩子必须遵守一些固定的规矩。我们要做的是感受自己的个人边界，并将这些边界向他人清晰展示出来。最重要的思想转变是：那些孩子和我们共同生活时所受到的限制，主要不是针对他们的，而是针对我们自己的。也就说，这些边界不是要限制孩子的，而是要保护父母自己的。

那么如何保护个人边界呢？有意思的是，我在讲座上遇到的大多数家长都很好地维护了孩子的边界。他们凭直觉关注婴儿发出的微妙信号，当婴儿有需要时就喂养他们，也会满足婴儿对亲密和自由空间的需求，并让他们按照自己的节奏成长。"这对我来说，是尊重的问题。"一位母亲曾对我说，"当我的孩子不想上厕所，我就不会勉强他，当他想上的时候，我会让他马上去。"但这位母亲接下来的一句话是，她一直没有时间坐下来吃饭、喝点东西，更不用说上厕所了。这其实涉及对人类基本需求的尊重。

我知道父母很容易就会落入这样的"陷阱"。刚开始是在孩子的婴儿时期，对一些小的边界的退让：当宝宝终于要睡着了，谁会在这个关键时刻去上个厕所呢？所以就忍着。

忘记了吃饭，没关系，反正还有巧克力和薯条能填饱肚子。冲澡也要等到晚上，但常常会因为太累了，就推迟到了第二天。这种事情时有发生。这没有错，也不应该受到谴责。只是，当这种紧急的状态转化成了常态，最终会反噬父母。因为那些一直以来忽视自己基本需求的人会越来越容易忘记如何感受自己的需求——然后他们就会显得莫名其妙地越来越不平衡、易怒和不快乐。

那些在成为父母之前，就不能很好地感受自己需求的人，面临上述的风险更大。因为他们在孩童时期，一些基本的需求没有被满足过。当然这背后不一定是出于故意，但当我们如今成了父母，就会发现在社会上很多地方都不太重视儿童的需求。相反，专家还告诉父母们，因为孩子自己不知道什么对他们是好的，所以他们需要被严格地监管起来，甚至在生活的各个方面都是如此。我们中的许多人都是这么长大的，由父母来决定我们吃什么、什么时候吃、吃多少，我们什么时候累了、什么时候该上床睡觉，我们什么时候该去厕所、什么时候不该去。而我们的父母会觉着这种教育理念是先进的、现代的，因为比起他们自己的父母，他们在制定这些规则时和孩子采取的是平等、合作的方式。**但告诉一个**

孩子，什么时候该吃饭、睡觉或上厕所很有可能一种霸道的做法——可几乎没人想到这些。因此，当我们成了父母，在很多地方，我们也没有真正搞懂，什么时候我们是真的饿了、饱了，或者什么样的睡眠节奏对我们才是有益的。许多人习惯了在去任何地方之前先快速地上厕所，这样路上就不会有麻烦了。

此外，对于我们的情感需求，许多人已经学会了隐藏它们。在许多家庭中，公开地表达悲伤、失望、沮丧和愤怒是不被提倡的，同样，强烈的需求和敏感也是不被允许的。相反，在大多数家庭里父母都相信一点，孩子总是要经历一些事情才能成长。比如，即使他们害怕，也要独自入睡；即使他们不习惯，也要留在幼儿园；即使他们不情愿，也要把饭吃完。

无论处于什么样的境地，**孩子都是有能力去适应的**。他们会寻找解决问题的办法，并以某种方式来克服。当幼儿面对压力时，当他们感到不堪重负时，当他们的需求没有得到满足时，他们就会陷入某种情绪上的麻木。为了不再感到痛苦，他们的大脑会将所有的感知调节到最低值，使其还可以保持正常运转。直至今天，许多父母还在经历他们童年所经历的——这种感受一直持续存在：如果压力过大，就会有一个很大的圆顶玻璃罩罩住我们，这样我们只能模模糊糊地感知一切，没有激烈的情绪波动，也不再有强烈的需求，从而保证了身体的正常运转。很多人在初为人父母的那几年有过这种感受。这是一种古老的、传统的生存模式，它帮助我们在儿童时期咬紧牙关坚持着。从表面上看，它在我们成年之后也提供了很大的帮助，但我们需要为此付出巨大的代价。因为如果父母只在一个很狭窄的范围里感知孩子的需求和感受，他不仅会错过那些不开心的低谷，也会错过和孩子相处时快乐的高峰。我们除了可以和孩子一起开怀大笑，有时我们也会偶尔因为疲惫而微笑，而之后我们常常会忘记这是因为什么。当我们长期忽视自己的需求，就会产生一种副作用：我们会变得容易分心、健忘、注意力不集中、易怒，我们会觉得自己一点也不像一直以来想成为的那种父母。

为了摆脱这种压力的循环，最根本的是，我们要像对待孩子一样，认真地尊重和对待自己的需求。因此，我们要把我们的优先级重新排序。正如对孩子来说，睡觉、吃饭、运动、休息和娱乐是他们的个人需求一样，我们的个人需求，如睡觉、吃饭、运动、休息和休闲也同样重要。当然，相比于孩子，作为成年人，我们可以将自己的需求稍微推迟一段时间。但这并不代表我们的需求不重要，只是满足这些需求并不是那么迫切。因此，父母们，无论你的孩子多大，你自己的基本需求和孩子一样都是不可被忽略的。找出你的需求，满足它，不以孩子为代价，而是和孩子一起来实现。

个人边界意味着我们要重新界定自己的生活。我需要什么？你需要什么？当我们谈到日常生活中的需求时，通常指的是人们想要的、具体的东西，比如"我特别想和我的朋友们再出去玩一次。"

比如，我的丈夫每周需要单独去运动两次，这是他迫切的需求。美国沟通心理学家马歇尔·卢森堡明确指出，在这种情况下区分需求和愿望是很有必要的。需求描述的是我们需要什么，愿望描述的是我们想要什么。

我需要什么？你需要什么？

当然，这两者的关系很密切。我们经常想要我们需要的，也需要我们想要的。但如果我们想关注个人边界，最基本的就是要学会区分需求和愿望之间的差异：需求具有普遍性，而愿望则是带有个人色彩的、具体的。通俗地说，我们人类都有各种各样不同的愿望，但所有人本质上的需求都是一样的。

在身体方面我们需要：

- 用来呼吸的空气
- 光和温暖
- 食物
- 睡眠和放松
- 触摸和刺激
- 运动
- 免受痛苦和健康的身体

在心理方面我们需要：

- 爱与关怀
- 亲近和保护
- 自主和自我成就感

- 支持和边界

- 情感上的安全感和庇护

- 归属感和联结

- 欢乐和轻松

- 尊重和重视

- 欣赏和赞赏

- 休息和港湾

- 创造力和自我表达

- 感知与和谐

根据马歇尔·卢森堡的说法，我们很容易区分需求和愿望，因为前者总有三个明显的特征：

- 它们是普遍的，是所有人共有的。

- 它们是积极的，满足了需求，人们可以更好地生活，提高生活的幸福感。

- 它们是抽象的，与具体的行为无关，也不特指某个地方或人群。

因为个体差异，人们对这些需求的感受也不尽相同。在生活的不同阶段，所有这些需求对我们的重要性也不完全一样。但有一点是相同的：需求在不断地推动着我们。正是这些需求支持着我们的愿望、渴望和计划，塑造和推进着我们的每一次行动。最终，我们的人生其实就是在寻找满足需求的各种方法——这里包括我们自己的需求，也包括其他人的需求。而这些方法——我们为了满足需求而尝试的各种具体的路径——就是我们具体的愿望、计划和想法，借助这些，我们的需求在日常生活中被显现出来。然而，我们在日常生活中很少能意识到需求才是推动我们前进的动力，通常它只在特定的情况下体现在我们的情绪中。

举一个典型的例子，今天孩子哭闹了，是因为早饭变成了燕麦粥，而不是像往常一样的玉米糊，尽管他实际上是喜欢燕麦粥的。那背后的原因是什么呢？乍一看，人们会认为孩子是在无理取闹。因为和玉米糊一样，燕麦粥也能满足他对食物的需求。但孩子吃玉米糊不仅是要满足对食物的需求，还要满足情感上对安全、支持和稳定的需求。每天早上一样的早餐，可以帮助他有条不紊地开始新的一天，而没有预期地改变计划，让他的情感需求在此刻无法被满足。这还不算坏，毕竟还有其他办法来满足他的需求。但如果因为吃不到玉米糊，孩子哭闹了，并受到了责骂，那这些需求肯定是得不到满足了。

这对我们成年人来说也是一样。有多少对夫妻吵架，是因为洗碗机里被放错的碗筷、乱放的袜子或者忘记了疫苗预约？这些争吵都和那些没有被满足的需求有关：他们希望自己的工作被尊重、被赏识，他们希望得到尊重、关注、自主权和自我实现。

为了能够感受并维护我们的边界，面对这种压力和争吵时，我们可以改变一下视角。比如考虑一下需求本身：真正的问题到底是什么？

实践练习

做一次身体检查！

为了更好地学会感受自己的需求，一个很好的训练是进行所谓的"身体检查"。我们可以有意识地关注自己的身体——从头到脚，从上到下。躺着最好，但站着、坐着或走路也行。首先，我们要有意识地感受头部：它怎么样？它在做什么？它疼吗？有什么不舒服吗？我能为它做什么？比如，当它抽筋时，有些人会按摩太阳穴和面部。然后，继续往下感受：我的肩膀怎么样？是紧绷的还是放松的？我的胳膊、手、胸部、背部、肚子和臀部怎么样呢？我的膀胱、肠道呢？我的腿、膝盖和脚又怎么样呢？要全神贯注、友好地关注我们自己和我们的身体，像在问一个好朋友：你怎样？还好吗？需要我的帮助吗？我能帮你做点什么吗？这种身体检查要定期做——比如，每天晚上睡觉前——这样，我们很快就能学会感知需求。这个方法也可以助眠：忙碌了一天，晚上上床后感知身体的每一个部分，可以帮助我们安抚漂浮不定的思绪，让内心得到平静。

第三章

维护个人边界

"停！不行！我不想这样！"

身为父母，我们要学会在表达上述句子时没有羞愧和负疚感，这一点很重要。认知并守护让自己舒适的边界，这并不是自私的表现。从长远看，这对维护一种长期良好的家庭关系至关重要。学会维护自己的边界不存在太早或者太晚。通俗来说，不论宝宝多大，他的父母都需要有自己的边界。我是在第四次坐月子时才明白了这一点。当然，我会像照顾他的哥哥姐姐们一样，全心全意地照顾这个最小的宝宝，但同时我也关注了自己的需求。这意味着小宝宝在得到他所想要的东西之前，需要等一会儿，因为我要赶紧上个厕所，或是接一杯水、拿块巧克力。

儿科医生赫伯特·伦兹-波尔斯特喜欢在他的演讲中说，从人类历史一开始，父母就会去尽可能地满足孩子的需求。毕竟，那个时候资源是有限的。在过去，资源主要指的是食物；在今天富裕的工业化国家，则主要指时间、力量和精力。虽然资源的含义改变了，但根本上的问题却没有改变，如果父母把一切都给了孩子，而没有考虑自己，那么一个家庭就无法生存下去。所以这其中的关键是，要找到一个平衡点，让每个家庭成员都尽可能地得到他们所需的东西。

我认为这是一个有说服力并且重要的观点：作为父母不是向孩子提出要求，而是合理地分配他们的要求，并且不要让孩子一个人去面对挫败感。就像我会要求小婴儿学会在我的怀里等待下一次哺乳，要求蹒跚学步的孩子不要糟蹋我的生日花束以及必须刷牙，要求我学龄前的孩子不能喝可乐、想待在家里的时候也要去幼儿园，要求我十几岁的孩子帮忙做家务而不是无限度地玩手机，等等。为了避免孩子遭遇危险，也为了我们自己的幸福，我们可以向孩子提出一些要求。我们可以对他们说"不行""快停下""马上去"和"我不想这样"。**然而，我们也有责任保证天平的平衡：如果父**

母的需求始终多于孩子的需求，就会产生不利的后果，反之亦然。

但如果父母和孩子的需求发生了冲突呢？如果孩子想要的和自己想要的刚好相反呢？这种情况在家庭生活中会反复出现。有时候，我们可以让他人来满足孩子的某些需求；也许别人能更好地给孩子现在他所需要的。例如，我有一个熟人，居住在英国，是一位单身母亲，她有一个非常健谈的小儿子。有时她在和儿子待了一整天后，会产生耳鸣，因为她的儿子会讲很多话。当她想要休息和回避时，她的儿子仍然需要交流和沟通。这时住在德国的奶奶就可以和孙子打视频电话：现在他可以告诉奶奶他在忙什么，他的妈妈也可以回到卧室里安静地待着。

但并不是总能找到解决问题的办法，在这种情况下怎么办？期间我发现了一种提问方式，可以帮助解决这个问题，即"谁承担的痛苦更多？"这个问题源于 20 世纪 70 年代流行的家庭育儿手册——《克洛特写给父母的信》，其基本思想是，当父母和孩子的利益发生冲突时，要看看谁在其中受到了最大的痛苦，就考虑谁的利益。在上述那个健谈的小男孩案例中，我的熟人最终得出了结论，无论奶奶有没有打来视频电话，她都需要休息一个小时，因为她的需求胜过她的儿子在一个小时里不停地聊天的需求。她明确地对儿子说："不行，我现在不想听。我需要休息。"

让边界变得更容易接受

突破边界会让人很不舒服，不管它是不是用友好和清晰的方式提出来的。我们自己都很清楚这一点：当我们向朋友求助却被拒绝时，我们会觉得痛苦。当我们憧憬着一次旅行或邀请，但最终计划泡汤了，我们会感到难过。这比让我们在工作中遵守一些让人无法理解的规则更折磨人。孩子在日常生活中经常会突破类似的边界。他们想穿冬天的靴子，父母说这个季节只能穿凉鞋；他们想把香肠浸在番茄酱里，父母说他们拿错了瓶子；他们想在超市买一个玩具，父母说到圣诞节才能买给他们。所有这些"不同意"的背后肯定有着充分的理由，但这并不能减少孩子的沮丧感。恰恰相反，想要的东西得不到，这种感觉糟糕透了。

针对上述问题，传统的教育只有一个答案：生活是充满挑战的，孩子必须要经历这些。许多家庭会对那些得不到而生气和哭泣的孩子视而不见，"直到他能再次变得可爱和乖巧"。这种想法的背后是想让孩子明白，愤怒是行不通的。但他在现实中学到的是："当我感觉不舒服时，我是不值得被爱和关注的。如果我想要爱和关注，我必须表现得很乖。"正如我从我的朋友安娜·霍费尔那里了解到的——她是一位为年轻父母提供帮助的心理咨询师。专家们正在试图解决很多从我们父辈传承下来的有问题的信息。有一次，她对我说："在和父母的座谈中，我经常想让时光倒流，我想对我面前的父母说，'你们可以说不，但同时也要善待你们的孩子'。"她自己将这个方法称为"委婉地说不"。

比如，在现实生活中有这样一个例子，我那个还在上学的孩子哭闹着，因为他不想做作业，只想去找朋友玩。但作为妈妈，我坚持要让他先完成作业，因为我知道不这么做的后果——要是晚上一个已经玩得筋疲力尽的孩子，还要做数学作业，那结果一定又是鸡飞狗跳的。所以我对他说："不，你现在不能去找你的朋友。"这是底线。"但我可以给你做一杯可可，并且陪你一起做完作业。"这是退让。**这种表达彼**

此亲近的姿态，不仅不会影响我们的底线，而且会让我们的底线变得更容易接受。

有无数的方法可以让孩子更容易接受我们对边界的划定。可以是一个拥抱，一个亲吻，一句友好的话，或者一个手势，这些都表明：虽然这是我的底线，但我仍然非常爱你。用这种充满爱的方式来划定边界，并不代表着软弱或懦弱，相反，它表现了尊重。

然而有时，因为孩子的挫败感太深，以至于采取善意的方法也会让事情变得更糟。当我不让我上幼儿园的孩子吃第二个冰激凌时，他会躺在我面前的地板上撒泼，大声地哭喊，在这种情况下，他什么都听不进去。这就像走进了死胡同：要么是冰激凌，要么什么也没有。但即使在这种情况下，我也可以帮助孩子来面对我的边界：就是不让他把事情搞糟。这并不像听起来那么容易，因为从成年人的角度往往很难理解，为何一个孩子会因为我们划定了一条完全合理且可以理解和接受的边界而变得如此抓狂，尤其是我们已经慷慨地做出了让步——至少他已经吃了一个冰激凌！但让孩子生气的并不是不让他吃冰激凌这件事，而是他们受到了边界的限制。**这件事情可以让他们意识到，他们不能想做什么就做什么。**尤其是 1 岁半到 5 岁的孩子——这些孩子正处于所谓的自主阶段，他们会在这个阶段发现自我。他们会一而再再而三地遇到这些事，在某种程度上来说，他们必须要经历这个阶段。

通过与他人的交往互动来改变对自我形象的认识，这对孩子的个性发展非常重要。在人类的发展过程中，2~3 岁的宝宝会经常产生自己无所不能的想象。他们可以决定一切——甚至什么时候天黑、什么时候月亮升起来。这个阶段是非常重要的，因为孩子会在这段时间里感受到自己的力量和自我效能[⊖]。只有不断地触碰别人的边界，他们才会发现，这种万能的形象有着自身的局限性。"我可以做很多事情，但不是所有的事情"——要将这种认识内化，年幼的孩子往往需要长达四年的时间。然后他们需要更长的时间，对他人也产生这种认识。也就是他们会逐渐明白，爸爸妈妈也不是无所不能的。许多孩子直到五岁才理解，父母并不能像

⊖ 自我效能是个人对自己完成某方面工作的能力的主观评估，评估的结果将直接影响一个人的行为动机。——译者注

他们想象中的神仙一样，从他们的眼睛里就读出他们的所有愿望。

　　这意味着，孩子在发展过程中，需要挑战不同的边界来获取经验。但他们需要数十年的时间才能学会处理边界，就像我们所期待的那样：冷静、理解和镇定。**在那之前，孩子在每一次挑战边界中所表现出的愤怒、悲伤甚至攻击性，都是正常的反应。**为了克服这种沮丧的情绪，他们需要理解和陪伴。因此，无论我们多不想让孩子吃第二个冰激凌，无论我们多不想让孩子在外面继续玩，我们都不能将孩子绝望的情绪视为荒谬，并贬低它。与之相反，我们要允许此刻孩子这种情绪的存在。这会让我们回想起，当我们成年人在碰壁时，也会产生绝望、愤怒和悲伤的情绪。例如，我们没有获得想要的职场晋升、爱情、怀孕，等等。当然，在我们看来，这些成年人的问题比孩子的苦恼重要得多，但这并不能改变一个事实，即我们的孩子在那一刻所经历的痛苦与我们自己的非常相似：他想要一些东西，但他得不到。这会让人很痛苦，但也要允许它的存在。当我们为了维护边界而拒绝孩子时，我们不应该因此感到内疚，而应该去共情孩子的感受。

我们应该表明边界并友好地维护它，

在这个过程中陪伴并安慰孩子。

这样，我们的底线反而会更清晰和明了。

个人边界和心理负担

我们需要一双 26 码的新运动鞋，要在幼儿园的纸条上签字。要记得，最小的孩子早上要吃药，明天来家里玩的孩子对花生过敏。洗衣机里还有衣物要晾晒，窗台上有需要浇的花。如果我们不想在周末奶奶的生日聚会上两手空空，就得记着订鲜花和巧克力。

在家里有无数的事情需要考虑——这些事情太多以至于要花费我们的体力、精力和脑力。父母数年来一直做着这种看不见的需要操心的工作，即思考、整理和组织家里的事务，"心理负担"这一术语十分贴切地形容了这一情形。对许多人——特别是对母亲来说——这个概念是非常重要的，它用来描述她们在日常生活中可看见的工作之外，所做的所有事情，这些事情常常让她们感到如此疲惫。因为要把一个家

庭的重担都放在自己身上，这是一件无休止的繁重工作。她
们不会在晚上睡觉时、开车时、在饭桌旁短暂放松时就停止
这种工作。这种待办清单会时不时地浮现出来：我必须记住
这一点，这件事要做，我绝不能把这件事漏掉……在绝大多
数的家庭中，女性往往觉得自己有责任来安排家庭日常，这
其实是一个纯社会化的问题。几百年来，女孩们被教导要细
心和谨慎，只有这样，才能讨他人喜欢。很多女性不知不觉
就接受了这样的角色——只有当她们或多或少地独自承担起
一个多口之家的复杂工作，并且在这个重担下几乎崩溃时，
她们才会发现这些年来她们无意识地为家庭付出了多少。

当男性首次听到"心理压力"这个概念时，他们中的许
多人往往会马上开启"防御"模式，指出在日常生活中他们
也有很多需要自己承担的事情，比如预约去更换轮胎、修剪
草坪。当然，的确如此，爸爸在日常生活中也承担着心理压
力。但和该主题相关的调查都表明，在绝大多数家庭中，相
比于妈妈每天承受的心理压力，爸爸的只有一小部分——因
为一年才换两次轮胎、夏天隔几天才修剪一次草坪，但妈妈
处理的复杂情况却时常出现，一年到头从不间断，并且她
们还要确定事情的优先级。"好吧，那你告诉我，我该怎么

做"，这是女性谈及她们在日常生活中感到压力和重负时，经常听到的话。这正是问题所在：那些应该学会简单明了地宣布事项和分配任务的人，已经把需要做和需要操心的事都做了。

那这些与边界又有什么关系呢？需要弄清楚的是，妈妈几乎是独自一人承担了一个家庭的全部压力。这意味着，这些压力往往会超出她们的承受范围。她们的工作无休，大脑也不停歇。最终的结果就是：产生持续的压力和不满，缺少睡眠，对孩子缺乏耐心，以及不稳定的情绪输出。"你怎么又忘了你那该死的运动包？我必须要跟着你后面收拾吗？"具体来说，家庭中责任的不公平分配，即为了让家庭幸福，由父母其中一方承担了几乎所有的情感和精神负担，不仅可能会让这一方精疲力竭，还会使得他们处理不好家庭的边界问题。最终，孩子会在这样的环境中长大：妈妈有时会显得毫不费力地考虑和掌控一切；有时她又会莫名其妙地突然发疯，大喊大叫——因为她受够了，在这个家里没有人和她一起操心。这两种方式都不适合用来告诉孩子，父母也有边界和底线，也需要一种健康的方式来维护自己的边界。

因此，在家庭中建立一个良性边界的重要一步是，由父母双方共同承担心理压力和工作负担，同时找到一个公平的解决方式，更加公平、合理地分配整个家庭的心理负担。划分所有的家庭责任是非常重要的。例如，我的一个朋友和她的丈夫达成一致，由她来承担女儿上学的所有事务，她的丈夫则负责儿子上幼儿园的所有事情。这意味着：无论是家长会还是老师叫家长，无论是给孩子请假还是做蛋糕，都是由父母其中的一方负责。为了让学校和幼儿园教师知道这一点，他们在孩子的档案中只写下了负责这个孩子的家长信息。因为经验表明：如果孩子出现了问题，妈妈总是被通知的那一个。而据我了解，在另一个家庭中，爸爸负责所有四个孩子的生日和看病事宜，从计划、组织到实施，再到查漏补缺，爸爸全包了。因此，无论我们洗不洗衣、是否准备晚餐或购物——重要的是，这些事情在我们内心的待办事项中完全不见了——我们都不用去检验，对方是否真的在考虑这件事。

让这些工作被看到是非常重要的。我们要向孩子展示我们所做的一切——不是让他感到内疚，而是让他明白，人的精力是有限的。如果我们像田螺姑娘一样，微笑着、默默地、几乎不被所有人察觉地做完所有的工作，孩子就会习惯，他会认为，妈妈总是可以做任何事情。当孩子有这种想法时，我们不应该责怪他。与之相反，如果我们和孩子说我们正在做什么，和他谈论我们要操心和负责的事，就给了他一个了解边界的机会：人的精力是有限的。如果年龄合适，也可以让他参与其中。这样孩子就会明白，当妈妈一个人做饭、洗衣、打扫卫生、熨衣服时，当她投入所有的精力时，她就会疲惫不堪、精疲力竭，但如果家里的每个人都贡献一些力量，那么每个人都会不太累，这样到最后大家也有精力玩耍、阅读或嬉闹。

因此，家庭生活中关于边界的教育是基于公认的一点——我们不是无所不能的，我们的能力、体力以及照顾他人的能力都是有限的。这与我们经常默认的完美的母亲形象背道而驰。这会给我们的孩子和我们自己传递一个重要的信息：妈妈是会疲倦的、妈妈也会不行、妈妈也需要帮助、妈妈也可以放弃她的责任、妈妈会向我展示她所做的一切。她应该得到承认和赞赏，而不是理所当然被认为是照顾者。妈妈、爸爸和孩子都应该有自己的边界。这是良好家庭关系的开始。

第四章

好的边界体验

感受和保护个人边界可以保护我们自己，增强自尊心。因为每次的划界不仅向我们的对手，也向我们自己表明：我和我的需求是值得被考虑的。所以，展现出自己拥有边界的权利是非常重要，这适用于所有人，无论年龄大小。如果成年人感觉到某件事令我们不太舒服或者太过分，那么不要让这种感受轻易地溜走。同样，如果可以的话，我们也要认真对待孩子所发出的抵触的信号。例如，孩子不想让大人抱，不想亲爷爷奶奶，不想在大人面前脱衣服，也不想看到大人的裸体。我们要重视他们的这些感受，尊重他们。

对每个人来说，在一个家庭中有这样的边界感是非常重要的，因为设置、体验和维护边界是人类的基本经验，对成年人和儿童的心理健康都非常重要。当然，过于极端的做法也是不对的：父母通过严苛的规则和惩罚机制不断地限制孩子的成长空间，这在专制教育中非常常见。这会让孩子缺乏安全感、变得胆小和害怕。而和专制教育相反，当孩子在一个完全没有规则和边界的环境中长大，他常常会觉得没有支持和依靠，这使他变得孤独、不安和失落。

处理这种问题的最好方法是，父母与孩子彼此之间形成一种亲密的关系。在这种关系中，孩子可以自由地发现世界、感受边界，这些边界可以为孩子提供支持和空间，也可以照顾到他们的健康和安全。我的一个朋友——教育家和家庭咨询师英克·胡梅尔在她的畅销书中，将这个方法称为"勿太严，勿太近"。她强调，所有的父母在高压情况下，都会走向两个极端中的一个，即要么严格、强硬地设置边界，要么不再设置边界。这是符合人性的，也是正常的，但也反映了父母在日常生活中的压力过大。有时候父母在生活中会觉得自己对孩子要求太严，或者表现得过于无所谓，因为他们已经对孩子的越界行为疲于应付了，因为他们在内心里也已经放弃了，每每遇到这种时刻，不要感到羞愧和内疚。但我们需要反思：是什么让我觉得如此糟糕？我应该怎么做才能让我的家庭恢复正常、和孩子很好地相处？

当被问到，在平时他们什么时候感觉最累，父母的回答通常是，在孩子做出一些让人受不了的行为时。是的，孩子可能会做出挑战父母的行为，可能因为他正处于一个对他自己来说也比较有挑战性的阶段，如自主阶段或青春期，或者是因为他们的性格非常强硬或情绪化，或者是因为他们患有多动症或自闭症，需要特殊的陪伴和照顾。

尽管如此，严格来说，不是孩子本身给我们带来了如此大的压力，而是我们抚养他们的成长环境：经济压力、缺少家里的支持、工作和社会中缺乏好的氛围，还有带有恐慌性的全球新闻带给我们的压力，有时会让我们无法入睡。对许多家庭来说，除了这一系列压力，还可能经受各种歧视，例如，女性、单亲、贫穷、有残疾等歧视的点会交织在一起——单亲的父母在大多数情况下是女性而且很穷，贫穷的父母有时还身患残疾，并且可能找不到工作。但同时也有一些人，乍一看什么都有，看起来也过得很好——有一栋大房子、一个漂亮的花园、两辆车，但他们也承受着巨大的压力，例如，他们可能身患疾病、有人际关系问题，这在社会的各阶层中都会出现。当然，也有一些命运的打击会使家庭生活完全偏离正轨：如确诊癌症、好朋友的突然离世、导致家庭破裂的严重问题等。

在我和父母们交流时，我喜欢拿背包打比方，这个背包是由父母来背的，也有不同的重量。背包越轻，父母的旅程就会越顺畅、越舒适，那么我们所采取的教育行为也会对孩子的发展最有利。我们会以充满爱心和灵活性、理解和共情、自由和友好的方式给孩子制定规则和边界，进而带给他们支持和安全感。

如果这个背包越重——可能是我们痛苦的童年经历，可能是歧视、暴力和其他有负担的情况，可能只是日常生活中的压力，那么这种平衡的教育工作就越难做。因为在这种情况下，我们还要细心地照顾和陪伴孩子，这要耗费父母的体力、耐心和精力。当我们缺少这些时，我们会感到绝望。

正如许多教育家所说，孩子如何在有爱的环境下成长，并非仅仅是一个态度问题。很多父母知道如何做得更好，但是因为身上的重担使他们没有办法去那么做。在我看来，只是从个人层面去处理家庭生活中的边界问题，呼吁父母更好地关心自己、明确自己的边界，这种做法把问题想得太简单了。它掩盖了许多人家庭生活困难的结构性问题：当一个人的生活总是充满了对边界的挑战，那么他在面对自己的孩子时要感受和保护边界，是非常困难的。

因此，边界与特权有很大关系。我们所处的地位越高、背包越轻，就能投入更多的精力为自己的家创造一个持续的平衡。但这也并不意味着，这条路就变得很容易，或者无忧无虑，也不意味着它不会耗费我们的精力，但我们可以调配自己的资源，安排自己的事，并和孩子一起找到新的方式来保护边界。这已经是一种奢侈了，因为并不是所有的父母都可以做到。如果我们在某处遇到一个家庭，觉得他们对孩子太严格，管得太紧了，那么很有可能是因为他们自己身上的压力太大了。

遵守边界并非一件易事

一些孩子比较容易遵守自己和他人的边界，一些孩子在成年后都很难做到这一点。他们的父母常常为此感到内疚：为什么我的孩子不能尊重人与人相处的界限？为何他们如此的肆无忌惮、以自我为中心？

　　所以，我们要更深入地观察和思考：为什么孩子对人际交往中边界的反应如此不同？我们能做些什么，让我们的孩子也学会以社会接受的方式来对待他人的边界？

　　第一个重要的发现是，我们对人际交往中边界的反应与我们与生俱来的气质有关。一个五岁的儿童是否能很好地遵守别人的边界，这不仅仅是一个教育问题，在很大程度上和他天生的个性有关。因为人类本就具备不同的基本属性。**我们与生俱来的性格特征是多种多样和多元化的。**有些人调节能力很强，是因为他们生来就有很强的自我调节能力，他们可以很快从一件事中走出来。他们的天性是安静和平和的，他们的自控能力也非常强。因此，他们很容易尊重别人的边界。例如，小丽娜就是这样一个善于自我调节的孩子。在她两岁半的时候，当她的爸爸告诉她还有几分钟就要吃晚饭了，她就能放下手里的饼干。虽然她仍然想吃饼干，但她的大脑可以将这个需求推迟，等晚饭后再吃。和她同龄的路易斯还做不到这一点。作为一个情绪敏感的孩子，他的自我调节能力比较差、敏感程度比较高。他会强烈地感受到所有的需求和愿望，因为他的自控能力很弱，所以没有什么可以与他的需求抗衡。如果他想要一块饼干，他现在就得要。有意识地延迟需求对他来说是不可能的。

这两个孩子都是普通的两岁儿童，都在合乎年龄的环境下成长，但他们却是如此的不同！**在自我调节能力强和情绪敏感度高之间存在着各种各样的性格，它们是由个人调节能力、兴奋度和自控能力所决定的。**这意味着，每个孩子对同样的情况会产生不同的感觉——这就是为什么他们的反应各不相同。自我调节能力强的孩子通常被认为是乖巧和有教养的，因为他们很少发脾气。而情绪敏感度高的孩子会向外强烈地传递他们的情绪，而且会频繁而猛烈地爆发，由此他们的父母会受到指责，觉得是他们没有把孩子教育好。这其实是无稽之谈：我们就是我们自己。美国性格研究专家杰罗姆·卡根通过对数千名婴儿长达几十年的长期研究，发现了以下几点：大约 40% 的人生来具备较强的调节能力（他称之为"低反应性"），大约 20% 的人则是高敏感人群（"高反应性"），还有 40% 的人介于两者之间。人的基本气质在很大程度上受遗传因素的影响。**因此，孩子的"出厂设置"决定了遵守边界对他来说是一件容易还是困难的事。**

第二个重要的发现是，在一个愉快、压力较小的家庭环境中成长的孩子最容易学会遵守边界。在这个环境中，什么可以做、什么不可以做，是非常清楚的。家庭不稳定和模棱两可的因素越多，孩子就越难识别和接受边界。

为了便于理解，让我们看看两个五岁孩子的例子，朱莉和金。朱莉和她的父母以及比她大六岁的哥哥住在德国一个大城市里，他们有着宽敞的公寓。他们生活得很好：父母有他们喜欢的工作，并且收入不错。她的祖父母就住在附近，在平时也会帮助他们。在家附近有一所很好的实施蒙台梭利教育的学校，朱莉就在那里上学。她是一个天性敏感的孩子，对她来说，遵循边界是非常困难的。她的父母非常了解和清楚这一情况。因为他们意识到朱莉很难自我调节，所以他们在日常生活中给了她很多这方面的帮助，比如一个固定的日程计划。每天中午放学后，爸爸妈妈会和朱莉一起在厨房吃下午茶，朱莉吃些小点心，爸爸妈妈喝杯咖啡。结束后，朱莉会在她的房间里听半个小时广播作为休息，然后她要做作业，最后再玩。晚饭前她有半小时的电视时间，饭后开始上床准备睡觉。如果朱莉反对这种固定的时间安排，比如，她想先看电视，然后做作业，她的父母会坚决反对："不行，计划已经定好了，我们每天都要先做作业，晚上再看电视。"这样，朱莉就会熟记于心："这就是我们家的模式。"她也会去执行为她所制订的计划。

金也是一个敏感的孩子。他和他的小妹妹及单亲妈妈住在德国的一个大城市里，但他们的家是一个小的社会福利房。金的妈妈也知道，电视看得太多对孩子没有好处，但她常常没有精力在这方面管束孩子。在和丈夫分手期间，她陷入了抑郁。那段时间她的情绪很不好，下班后根本没有精力出去转转。对当时的她来说，能做一顿热腾腾的饭菜就已经心满意足了。在那个时候平板电脑就是她的救命稻草：有了它，金就会变得很安静，而且很满意，这样至少她还可以喘口气。金经常会在吃饭、做作业、晚上上床睡觉的时候要平板电脑。如果他没有得到平板，就会像发了疯一样尖叫、撒泼。有时妈妈能转移金的注意力，有时候却不能。有一次，她甚至差点打了他，因为他的咆哮震耳欲聋。她被金的行为吓了一跳——然后把平板拿了出来。但现在再限制金使用平板电脑已经不可能了。金非常强硬、顽固和蛮横，他的妈妈则非常疲惫和悲伤。现在他又问："妈妈，我能用平板电脑吗？""可以"，她叹了口气，把平板给他，"但戴上耳机，好吗？我头痛，需要休息。"

以传统的教育方式来看，很明显，朱莉的父母在边界方面做得很好，而金的母亲做得很差：因为她太软弱，太不坚持，而且经常"屈服"。但真的是这样吗？我认为不是的。毫无疑问，朱莉的父母很好地处理了边界问题。他们有精力、有条件，通过清楚的计划和固定的规则给孩子提供了支持和安全感。那金的妈妈呢？她也是以自己的方式，按照她的计划做了。当她个人情况不好的时候，她选择了照顾自己，而不是放弃自己的边界。同时，她也为孩子找到了一件安全和不花钱的事。如果她有精力，她也会进一步约束孩子，不让他玩平板电脑——但当她意识到身上的压力已接近崩溃，可能会对孩子产生暴力倾向时，她会让孩子再多玩会儿。相比于因为超负荷而打骂孩子，她这样的做法是更好的选择。当然，因为在多媒体的使用时间方面，相比于朱莉，金的妈妈对金的限制比较不清楚，这就导致了金的抗议和乞求更多。但这并不意味着，金的妈妈没有给他限制。比如，让他戴上耳机——这样她就不会在需要休息的时候被打扰了。金呢？也会尊重妈妈，戴上耳机，满足她的需求。

这表明，关于边界的教育和家庭体系一样是非常复杂的，我们要非常谨慎地对待那些所谓的父母的教育缺乏连续性，

以及父母很软弱的言论。要想给孩子提供一个清晰、可靠和稳定的框架，首先要有一个正常的家庭生活。如果没有，那就优先考虑父母的压力底线，而不是固定的家庭规则。

然而，金和朱莉的例子表明，儿童接受和维护边界的能力不仅受他们天性的影响，还受其生活条件的影响。对我来说，重要的不是谈论"好的"和"不好的"家庭背景，而是每个家庭不同的起步条件，这些条件可能会因各种压力不断发生变化。我认识一些单亲父母，尽管他们有很大的压力，但他们为孩子提供了一个清晰、可靠的框架计划。而一些较为富裕的父母，他们在日常生活中也时常感到挣扎，以至于他们的孩子缺乏支持和方向感。

从根本上说，要让孩子学会接受边界，那么孩子就需要和可以照顾他，同时具有权威的成年人一起生活。**伟大的丹麦家庭治疗师耶斯佩尔·尤尔在这方面谈到，"父母应该像灯塔一样"：坚定、平和、清晰。**如果我们为了家庭生活，希望孩子学会更好地维护边界，那么第一步就是让自己变成孩子的天然权威。天然权威是指，不需要威胁或惩罚，就让孩子按照父母的要求去做。孩子不害怕这样的父母，他们不是向父母屈服，而是出于深深的信任跟随父母。要成为孩子的天然权威，父母首先得是"家庭的领头羊"，他们要非常清楚，自己是谁，自己想做什么。我的权威在于我很清楚、通透，而不是优柔寡断。我说停，就必须停，我说不，就必须不能做，这些都不需要我把声音提高八度。好吧，理论的部分到此为止。在实践中，这些目标有时根本无法实现。但我们至少可以一步一步、一点一点、一次一次地朝着这个目标迈进。

以下是参与我课程的父母的经验，也许你可以从中获得一些关于"边界"以及如何很好地使用它们的有价值的灵感：

"如果周围非常吵，我的警告信号就会发出信息：注意，我的极限快到了。在这种情况下，我就会戴上耳机。耳机会降低噪音。如果可以的话，我会倒上一杯热气腾腾的牛奶，喝上一小口。然后我就会冷静下来，感觉又找回了自己。"

我的力量源于我的清晰。

实　践　练　习

识别边界逼近的信号

我们看不到自己的边界，只有当它被突破时，我们才能意识到，但往往为时已晚。

在我关于"边界"的工作坊中，我让参与者回答，什么时候会发现自己的界限被突破了。以下是些典型的例子：

- 我感到筋疲力尽，没有一点力气。
- 我突然非常生气。
- 我再也无法忍受和别人的接触。
- 我陷入了一种愤怒、挫败和具有攻击性的恶性循环。
- 我感到很难过，希望有人来救我。
- 我只想离开。

然而，这些感觉并不是伴随着（迫在眉睫的）越界而来的第一个情感反应。如果我们不对这些小的早期的预警信号加以处理，我们的身体最终会崩掉。因此，对一个清晰的边界教育来说，最重要的一步是，要认识到自己在边界快要被突破时的反应，在它发生之前，我们可以避开它。我们可以把它理解成一个地震早期的预警系统：我们对最小的震动越敏感，就会越安全。所以，在日常生活中，当你的边界处于危险时，它的预警信号是什么？

- "对我来说，触摸感应是一个重要的点。当我突然无法忍受和别人的肢体碰触，那就说明，这时我需要向后退了，以便重新找回自己。因为我是单亲妈妈，有的时候这样做真的很难，

因为我的孩子非常需要亲近，特别是在有压力的
情况下，她需要肢体碰触来调节状态。在这个时
候，我们就会互相帮助，我们背靠背，每个人用
自己的耳机听音乐。这就意味着，我们是在一起
的，但同时也考虑了自己。"

- "我的预警信号是物理性的：我开始出汗、呼吸
  变快、眼睛开始抽搐、心跳加快。以前我忽略了
  这些信号，因为我觉得作为一个母亲要忍受压
  力。如今我知道了，我的身体想要告诉我，这样
  下去真的不健康，这对我来说是超负荷的。所以
  我就会给自己安排看电视和吃甜食的休息时间，
  这要比晕倒好多了。"

- "当我接近极限时，我觉得一切都很烦。我眼里

都是消极的东西：我的丈夫很懒、我的孩子很折磨人、我们的房子一团糟，所有都很烦。现在我知道了，当我有这种感觉时，我需要赶快出去，呼吸新鲜的空气，让我受到过度刺激的神经系统重新恢复平静。当我再次回来时，我会觉得我的家庭还是特别好。"

- "我最重要的极限预警信号是我的饮食习惯：我会突然开始吃东西，而一直没有吃饱的感觉。其实是我觉得压力大，想把这些压力和一整块巧克力都吞下去，这当然没有用。如今，当我在和孩子的相处过程中突然感觉饿了，我就知道，现在我要小心了，要关注好自己——就像在日常生活中关注我的那对 3 岁双胞胎一样……"

第五章

具体地展现边界

面对孩子时，我们会有两种类型的边界：第一种是我们个人的边界，什么是我们喜欢的，什么是我们不喜欢的，什么是让孩子去做的。这个边界与我们自己和我们的需求有关，对外，我们需要维护它、捍卫它，因为以需求为导向的家庭生活意味着这些需求都是非常重要的、值得被尊重的。

第二种边界是针对孩子的，我们需要让孩子，而不是我们自己来遵守：为了保护他，为了他的安全和健康，为了给他合乎年龄的支持。作为成年人，我们设定了这些边界并且坚持执行它，因为我们确信它对孩子是有好处的——即使孩子并不这样想。

父母需要问心无愧地提出这两种类型的边界——不过我们也应该清楚，哪些边界是我们现在要高度重视的，以及为什么要重视它。然而，在日常生活中很多家庭往往不是这样。父母出于一定的考虑会允许或禁止某些事情，孩子却搞不清楚这些条条框框背后的动机是什么。这样的感觉像是不公平的独裁统治，也会激起孩子的反抗。因此，简单地解释某些边界背后的原因是一个好方法——不是长篇大论，而是言简意赅，比如以下的例子：

- "不，你不能敲碗，因为我觉得太吵了。"
- "停，你不能爬上去，因为我觉得这梯子不安全。"
- "你还太小，不能一个人去找你的朋友，你会经过车流，我担心司机看不见你，你会被撞到。"
- "妈妈和我决定让你打疫苗，因为它能保护你不生病。"
- "停下！我们的卧室不是你和朋友的游乐场，这是我们的小窝，你可以在你的房间或院子里玩。"

但同时，我们没有向他们解释个人边界的义务。我们不想做一些事情，也许对此有着充分的理由，但不需要解释。

在这种情况下，孩子也要学着理解安妮·拉莫特曾说过的话："'不'是一个完整的句子。"

是边界还是固有的观念

父母可以对他们的孩子说"不"——但这个"不"也蕴含着巨大的杀伤力，我们不应轻易地使用。理论上，我们可以禁止孩子做任何事情，但在互相尊重的家庭生活中，并不完全是这样。虽然限制一个人的自由有时是必要的，但从道德的角度看，这并不是一件小事。只有拥有真正充分的理由时，我们才可以这样做。

在前文中，我们已经讨论过哪些是充分的理由：面对孩子，我们有权维护自己的个人边界，也可以是出于对他人边界的考虑。我们制定规则，是出于安全感和对他们的保护。这听起来很简单也合乎逻辑，但其实却相当复杂：哪种风险证明了哪些边界是合理的？哪条规定真的起到了保护作用？我觉得某些时候我守住了个人底线，但那真的是我的底线吗？还是说，它只是我内心的一个想法，我就是单纯地不想这么做?

　　为了搞清楚这个问题，现在我们来看看马克和奥利弗的家，他们和两个孩子住在黑森州的一个小镇上。在日常生活中，奥利弗的母亲西尔维娅会帮助这对父母和他们的孩子，但她经常会和 6 岁的外孙女丽薇娅发生冲突。几乎每次一起出门前，她们都会发生争吵：因为丽薇娅不想梳头发、扎辫子，或是不想戴太阳帽、想光脚穿鞋。"这样我没办法和她出去！"西尔维娅向她的女婿马克抱怨："我都快烦死了，快受不了了！"

　　好，人们会说：丽薇娅的打扮践踏了西尔维娅的个人底线，她必须重穿衣服，或者她就待在家里。但是丽薇娅对自己身体设定的边界呢？让她的穿着打扮符合祖母的意愿，就真的合适吗？

　　这取决于具体的情况。让我们再仔细看看：外孙女蓬乱的头发让西尔维娅烦什么？她说："你不能这样出去和别人一起玩，我会感到丢脸的。"丽薇娅那乱糟糟的头发触及了西尔维娅的羞耻心。

那么不穿袜子呢？

"太恶心了，"西尔维娅说，"人的脚会出汗，鞋子也会变臭。"这件事让西尔维娅反感。

那为什么要坚持梳头发、扎辫子呢？西尔维娅说："女孩子就应该这样。"在这一点上，外祖母西尔维娅将社会规则内化于心：女孩不应该看起来太野，而应该看起来可爱和整洁。

那为什么要戴太阳帽呢？"丽薇娅的皮肤太白了，她会被晒伤的！"西尔维娅认为，这是出于对丽薇娅的保护和对健康的考虑。

马克和西尔维娅一起重新复盘了，那些让祖孙俩产生冲突的点，这些点在西尔维娅看来是很必要的，所以她一直坚持：太阳帽？对保护皮肤当然很重要。西尔维娅在这一点上可以坚持自己的想法。孩子穿鞋不穿袜子？这其实并不是什么大问题，穿现在的运动鞋，人们完全可以不穿袜子。在这一点上，西尔维娅可以不用那么较真。至于孩子不想梳头发、扎辫子——丽薇娅不应该也不必屈服于"女性必须可爱"的想法。那孩子头发乱糟糟的呢？当她戴着太阳帽，人们就看不见头发了。这样，祖孙俩就可以和睦相处了。

当然，这并不是很容易：对一些合理和必要的规则孩子也会产生强烈的抗议，同时要分辨感觉上的危险和真正的危险也不是件容易的事，对于感觉上危险的事，我们要克服内心的想法，还孩子以自由，而对那些真正的危险我们则需要明确地限制。所以原则上，我们需要不断地反思自己对危险的评估，并根除那些过时的观念，这些都是有必要的。在这里，我说的观念是指，那些在生活中的某个时刻我们已经内化并一直坚持的想法，尽管实际上并没有充分的理由来支持它。许多观念很容易辨认，因为它们以非个体标志的"人们"一词开头，例如：

- 人们不玩食物。
- 人们不把脚放在桌子上。
- 人们早餐时不吃冰激凌。
- 人们不会赤脚上街。

- 人们不在地板上做作业。
- 人们不说"我想要"，而说"我喜欢"。
- 人们必须说"请"和"谢谢"。
- 人们不会带孩子去参加葬礼。

我们周围总是有这些笼统的禁止或者禁令，要完全消除它们几乎是不可能的。它们不利于我们和我们的家庭，只会徒增压力。当然不要误会，人们早餐不吃冰激凌或在桌子上做作业，固然有着充分的理由，但重要的是，我们要赋予这些边界以意义：我想让你在桌上做作业，这样你的字就会让人容易看清。而不是因为"人们"都这样做，所以不准这么做。当我们学会摒弃旧的观念，并坚信陌生的东西并不一定是错误的，我们的家庭生活就会轻松很多。

- 玩食物是有趣的，它会锻炼孩子的头脑，也是孩子的正常行为。
- 把干净的（这一点很重要！）脚放在桌子上并不是不卫生，只是我们不习惯。
- 赤脚走路是很健康的。

- 相比于在桌子上做作业，很多孩子趴着写会更好。
- "我想要"是充满勇气并且非常重要的，并不是不礼貌或者没教养的。
- 作为父母，我们对自己的孩子也要说"请"和"谢谢"。
- 孩子也需要在葬礼上和已故的人说再见。

以上所有这些例子都表明，并不是每一个我们认为的真理都对应一个严格的禁令。相反，我们需要不断有意识地"再思考"，对是非、事情合适与否进行重新判断。

实 践 练 习

改变观念

我们自认为的真理往往是根深蒂固的，改变它们不仅需要力量，而且一开始往往感觉它们是错误的、应该被禁止的。例如，如果我是一个母亲，我会有这样的想法：我的任务就是给孩子他所喜欢的一切，这样他就永远不会哭闹。假如今天是爸爸带他睡觉，孩子哭了，我听到就会感到非常难受。事实上，不容置疑的实际情况是：孩子并不孤单，爸爸也需要有和他相处的机会，爸爸也是孩子信任和亲近的人，妈妈也需要休息。但这些对我都没有用。因为人的想法不理性，会受到情感的强烈影响。

为了消除这种对我们无益的情感依赖，需要借助实践练习，我在我的工作坊中经常使用。我会让参与者在纸上写一个对他们来说特别不易改变的观念，而我总是被他们写的话所触动：

- "作为一个好的母亲，我不能展现自己的弱点。"
- "人们认为，只有好的父母才会培养出听话的孩子，他们说什么，孩子做什么。"
- "如果我太随和，孩子不知道什么时候就会蹬鼻子上脸。"
- "如果一个孩子不能学会自己睡，他就永远不会独立。"
- "没有男人能像妈妈一样细心地照顾孩子，因为是她们生出的孩子。"

这些句子严厉又无情，这些话没有灵魂，也没有溺爱，它们和我们以及我们的生活相对立，它们是教条的，会给人们带来恐惧和压力。

我们可以思考一下，如何把这些句子转换过来，用那些充满爱的、尊重的并有力的表达来取代这些旧的想法？然后开始加工它们。用剪刀、胶水、颜料和纸张重新修改这些过时的观念，直到它们变成新的、有用的信息。先把字词从句子中剪出来、划掉或者重新贴上，然后补充新的观点，替换旧的表达。最后，虽然这张纸看起来非常凌乱，但可以看到我们费尽心思重新加工的句子：

- "作为一个好母亲，我可以表现出自己的软弱。"
- "作为好的父母，也能培养出能感受到爱和有安全感的孩子。"
- "如果我对孩子和自己充满了爱，我们就可以快乐地生活。"

- "如果我的孩子现在还没学会自己睡觉，那他只是会独立得晚一些。"
- "男人可以用他的方式，和妈妈一样细心地照顾孩子。"

我们现在可以把这些新的、有帮助的句子贴在镜子上提醒自己，直到我们改变了自己的观念。这个练习的心理学基础是，当我们创造性地处理这些句子时，不仅在认知上重新审视了它们，并在情感上赋予了它们新的含义，这是用纯理性的方法做不到的。美国畅销书作家布芮尼·布朗认为，这是一个"利用我们的双手，把头脑里的信息传递到心里"的方法。对我们来说，这意味着：为了能最终消除那些固有的观念，有时我们必须用我们的双手去改变它。

我的边界，你的边界

我要守住我的个人边界——这对父母来说非常重要。个人边界总是与个人有关：我的身体、我的尊严、我的需求。我们可以通过明确的表达来保护它：

- "不，我不想被挠！"
- "请把你的手从我脸上拿开！"
- "停，这对我来说太吵了！"
- "停，我不想让你在我身上乱爬！"

但我们经常会被孩子所做的事情困扰，因为他们给我们的感觉是，他们在用他们的做法惩罚我们。一个典型的例子：孩子不想在冬天戴帽子，并坚持声称自己不冷。"我一看就觉得冷"，父母们经常说，"我真是看不下去了，这让我感到很不舒服。"

在这种情况下，我们能够清楚地认识到：我的个人边界与我的感觉和身体是息息相关的，它们不会延伸到孩子身上。无论孩子在情感上与我们有多么亲近，他们都是有着自我感受的独立的个体，而每个人对自己身体的感觉是非常不同的。例如，我本人很容易被冻伤，所以冬天散步时，必须穿得很多。但我 6 岁的儿子身体则很热，即使外面 8 摄氏度，他不戴帽子散步，身上也很暖和——如果我允许他这样做的话。这对我来说很难，因为我坚持认为，这样做不健康。事实上，让孩子感受自己的身体是正确的，因为他们最容易感受到自己的边界，就像我们感受到自己的一样。当然，也有例外：当孩子很难知道自己需要什么时，我们可以给予他更多的帮助，这样做当然是合情合理的。它不涉及个人边界的问题，而是关于健康的保护。

从根本上说，重要的是要明确：我的边界——我的管辖范围，你的边界——你的管辖范围。孩子是暖和还是冷，他们的头发是短还是长，他们做作业是趴着、站着还是坐着，他们的房间整洁与否——这些都是他们的私事，不是我们的。

让孩子自己决定，不仅是出于道德的要求，而且可以预防孩子受到侵害。事实证明，保护孩子免受攻击的最好方法是深植于他们身上的态度，即自己的身体属于自己！与许多人认为的相反，大多数情况下，对儿童的性侵害并不是在暴力攻击的背景下发生的，而是由于成年人与儿童现有关系的边界不清所导致的。如果孩子能清楚地感觉到自己的边界，并且知道可以随时保护它（即使他们这样做会冒犯到成年人），这将会对他们的自我保护起到非常重要的作用。然而，这种自主、自信的孩子并不总是受欢迎。有一次，在演讲的间隙，一对土耳其裔的父母告诉我，他们的大家庭对他们的做法非常不满意，因为他们同意，只要孩子们不想，他们就不必亲吻年长的亲戚或者坐在他们的腿上。"对我们来说，显然是一个文化问题，"这位父亲解释说，"这是土耳其人表达尊重老年人的方式。""是，我的奶奶总是说，我们的孩子现在好像德国人，笨拙且自信，"这位母亲一边翻白眼，一边说，"有时我会羡慕我的朋友，当她的女儿拒绝亲吻奶奶时，她的奶奶也觉得很酷。"

第六章

"不"，一个强有力的词

我最小的两个小孩，一个 2 岁，一个 5 岁。他们总是想做一些大人不让他们做的事情。所以，我常常发现，在漫长的一整天里我总是在说一个词：不。

不，你现在不能看电视。不，你无法回答这个问题。停下，这是我的牙刷！放下，那是我的口红！不，你现在不能去你姐姐的房间。不要乱扔食物！不要把橙汁放在麦片里！放开你的弟弟！停下！

2013 年，一位叫马克·鲍曼的记者在《南德意志报》发表了一篇文章，他用录音机记录了自己和女儿的一天。让他吃惊的是，从早上起床到晚上睡觉，他一共说了 30 次"不"，还有 50 个带有禁止含义的词。所以，也难怪孩子会经常生气：他们总是被禁止做各种事情。家庭治疗师耶斯佩尔·尤尔去世前几年，在一次私人谈话中和我说，经常说"不"会产生一种不好的副作用，即淡化这个词本身很有力的一面。总是听到"不"的人，最终都会充耳不闻。尤尔将那些把日常禁令当成耳旁风，根本不把它当回事的孩子称为"听不见'不'的孩子"。这样的情况时有发生。

同时，还有很多不需要说"不"的情况。毕竟，我们经常一会儿对孩子说"不"，一会儿又允许他们这么做。比如：

- "妈妈，我可以再喝个酸奶吗？"
- "不行，马上就开饭了。"
- "但我现在饿了！"
- "那好吧，你去拿一个。"

- "爸爸，你可以和我一起玩芭比娃娃吗？"
- "不行，我太累了。"
- "求你了，爸爸，就玩一会儿！"
- "好吧，就一会儿。"

- "爷爷，我可以再看一集吗？"
- "不行，我们说好了，就看一集。"
- "但现在电视正精彩呢！"
- "好吧，再看一集就结束啊。"

大人在面对孩子提出的异议时，做出让步是错误的吗？不，这就是人和人之间的互动方式。**如果理由充分，我们会改变我们的观点，我们也应该这么做。**这和我们应当坚持合理的、有根据的边界一样。但当我们对一些小事使用了这个原本强有力的"不"时，我们就弱化了它的意义。因为我们的孩子会认为："不"这个词是有商量余地的。如果有一个充分的理由，"不"就很有可能会成为"是"，或者至少是"可以"。这就是问题所在，因为"不"就是"不"，就是拒绝。当孩子发现，只要不断地追问为什么"不"，就可以推翻它，那么情况就变得非常棘手了。正是这种"有毒"的心理，导致一些男人，比如，即便女人说了"不"，他们也不会停止那些明显不受待见的行为，而是更加的变本加厉——因为他们把第一次"拒绝"当成了"同意"。

因此，在日常对话中，面对孩子经常说的"我可以……吗？"我们不要简单地回答"是"或"不"，而是要与他进行一场对话。

- "妈妈，我能再喝个酸奶吗？"
- "我正在做晚餐，半个小时就好了。你能等等吗？"
- "可是我现在真的很饿。"
- "好吧，那你再拿一杯小酸奶吧。"

- "爸爸，你可以和我一起玩芭比娃娃吗？"
- "啊，我现在很累……"
- "求你了，爸爸，就玩一会儿！"
- "好吧，我们就玩一会儿。"

- "爷爷，我能再看一集吗？"
- "你还想再看一集？我们之前可是说好了，看完这集就关电视了！"
- "是啊，但现在电视正精彩呢。"
- "好吧，那你再看一集，但看完之后我们必须要关电视。"

当我们真的想要坚持住原则时，我们可以这样说：

- "妈妈，我可以再喝个酸奶吗？"
- "宝贝，五分钟后就开饭了，我不想让你在饭前吃别的东西，你可以帮我收拾一下桌子！"
- "可是我现在真的很饿。"
- "就五分钟，亲爱的！再坚持一下！"

- "爸爸，你可以和我一起玩芭比娃娃吗？"
- "啊，我现在很累……"
- "就一会儿，爸爸，可以吗？"
- "真的抱歉，我现在太累了。我先去躺半个小时，然后我们一起玩！"

- "爷爷，我能再看一集吗？"
- "你想再看一集？我们之前可是说好了，看完这集就关电视了！"
- "是啊，但现在电视正精彩呢。"
- "我知道，但我觉得，你现在要关电视了。"

通过这种方式，我们向孩子表明，我们认真对待了他的想法，而且在做出决定之前，我们也了解了情况，我们都支持这个决定，并能用个人的、友好的语气来表达这个决定。这对我来说是很好理解的，因为我从进化论专家和儿科医生赫伯特·伦兹 - 波尔斯特博士那里知道了，为什么孩子经常会对我们有很高的要求，而且总是坚决地反对我们制定的规则，而不是简单地接受它。波尔斯特博士认为，这与人类的遗传因素有关：当我们的祖先还是孩子时，他们只有站出来大声地为自己说话，才能获得最好的生存机会。因为人类在其历史 90% 的时间里，都是游牧民族，在不同的部落间迁徙。婴儿被人们抱在身上，按需进行母乳喂养（不仅是他的母亲，部落中的其他女性也会喂养孩子），但大一点的孩子，他们的需求却很难得到满足，因为所有人的焦点都会集中在家族中最小的那个人身上。

人类历史上普遍存在较长时间的哺乳期，同时在我们祖先的部落中存在着某种自然的避孕措施，使得大多数孩子在 2 岁半到 3 岁时才会有弟弟或妹妹。然后大人们对他们的关心就会变得不稳定了，因为新生儿是需要得到母亲的乳汁和照顾的，那些两三岁的孩子不得不考虑自己的处境。因此，他们制定出了策略，以便从奶水、关爱和有限的食物中获得属于自己那一份。一个绝妙的生存策略就是，不要简单地接受"不"，而是要讨价还价："我要喝奶！我要，我要，我要！"直到某个时刻，母亲让步了，让大的孩子再喝一次。这是波尔斯特博士告诉我的，所以当我的孩子们再次吵闹着要冰激凌或牛奶时，我会对自己说，"没有别的办法，这是进化中的遗传。"

我必须补充一点，这种发展心理学研究中关于"反抗起源"的理论并非是毫无争议的。但就个人而言，它是有助于我保持平和和清醒的。波尔斯特博士也强调了这一点：**石器时代儿童生存的策略是去要求那些比他们实际需要更多的东西**。他们总是全力以赴，去取得最大利益，因为从一开始就他们考虑到，他们不会得到他们所要求或者想要的一切。但比起不反抗，这样做他们总会获得更多的东西。这放在我们现代的生活中意味着：儿童在一段时间内要求过多是人类发展的正常现象。他们就是这样。他们会大声哭喊，想再要一个冰激凌，尽管他们已经有了一个。这是成长过程的一部分，它会使得孩子成长为一个感恩社会、富有同情心的成年人。但是，我们不必给他们想要的一切，但也要允许他们反抗。要把他们的最高要求降低到合理的水平，让他们的预期受挫，放慢速度。"分解孩子的无理要求也是父母的任务。"波尔斯特博士总结了这一情况。但必须要注意的是，这种分解要尽可能的公平，**无论是父母，还是孩子，都不应该承担全部的负担**。相反，有时是其中一个人得到了他想要的，有时是另一个人得到了他想要的，有时人们会取它的中间值。所有的经验对孩子的发展都是宝贵和重要的——无论是好的还是艰难的。

一个宝贵的词："不"

没有哪一代的父母比我们这一代更愿意与孩子交谈、讨论和平等地谈判。我们想认真地对待我们的孩子，倾听他们的心声，了解他们的需求和愿望。这是很棒的，因为这种经历会让孩子终身都很坚强，父母和孩子之间的关系牢固且美好。同时重要的一点是，作为父母我们要明白，家庭永远不可能是一个完整的民主结构，即不可能每个人都有着相同的权利和义务。原因很简单，儿童的成长任务与成年人的不同，而且他们需要一定的框架来帮助其成长。

实 践 练 习

停顿

照搬法国父母的育儿方法是有些大胆的，因为法国的教育还是相当专制的，很少按照孩子的诉求来制定教育方法。所以要以谨慎的态度来对待那些关于勇敢的法国孩子的报道——许多孩子是害怕受到惩罚而不得不适应法国的这种教育方式，而不是因为他们的父母很好地维护了边界。但是在法国，有一个流传很广泛的处理儿童问题的做法，我认为是非常有用的，那就是"停顿"，在孩子提出愿望、问题或要求后，做一个有意识的短暂停顿。

基本的思路是，不要给自己压力。因为通常情况下，孩子的请求会给我们带来很大的压力和紧迫感，以至于我们还没怎么思考就会做出直接的反应。相反，我们应该稍等片刻，在思考后做出明智的决定。当然，对于停顿应该持续多长时间，以及在什么情况下采取停顿，人们对此有着不同的看法。许多法国教育顾问认为，在面对哭闹的新生儿时可以采取这个方法：父母应该对孩子的反应延迟满足，这样他们才能逐渐学会自己平静下来。这当然是无稽之谈。为了建立安全感和良好的信任，小婴儿需要我们及时和适当地对他们的需求做出反应，而不应该加入人为的滞后。但我发现这个方法，在日常生活中"对付"2岁以上的孩子很有用。它并不是为了展示父母的权威，而是通过短暂的停顿让他们冷静下来。

参加我关于"边界"的工作坊的父母向我反馈，当他们的孩子向他们提出紧急的问题时，他们花点时间思考，而不是被迫立即做出反应，会有很大的不同。通常几秒钟就足够了。在停顿时，数数会更有帮助：21、22、23，呼吸，然后就会做出平静且深思熟虑的回答。重要的是，在停顿的期间，仍旧和孩子保持"联系"：可以说一些诸如"等等，我在考虑呢"或"让我想一想"之类的话，从而向孩子表明，我们听到了他的诉求；也可以将一只手放在他的肩膀上用来表明，我们在考虑他的问题，但不是立刻就要处理。

当然，我们在成年人的生活中也可以使用"停顿"这一方法，家庭生活总是非常忙碌和时间不够用的，我们所有人都迫切需要停下来一会儿，从而可以认真思考并重新找回内心的感受。

这也就意味着，孩子不应该为成年人的幸福生活负责，但家庭中的成年人需要为孩子的幸福生活负责。重要的是，要由孩子自己决定自己的身体自由，但同样重要的是，他们不必为此承担责任，而父母需要为他们的健康和安全负责。在现代家庭中，父母和孩子的责任是不同的，但却是平等的，也就是说，他们应该拥有同样的尊严——就像耶斯佩尔·尤尔所说的一样。而这种平等也意味着我们成年人要承担起我们在家庭中的领导地位，不要因为害怕孩子不再爱我们，而回避那些明确的、会让孩子不舒服的规定。具体来说，如果孩子经常听到我们的拒绝，这是没有帮助的。但一个深思熟虑的、重要的，而且态度坚决的"不"，在以亲子关系为导向的家庭结构中非常关键。如果这个词没有被滥用，那它对孩子来说就有着重要的警示作用。"不"，意思是到此为止，不要再继续了。这就是结束了。这是一个极限。而这个极限就是我们的底线。

我的边界，请止步于此。

那么应该在什么时候使用这个词呢？一般在没有商量余地的情况下使用，如在道路交通中，在人行道的红绿灯处：不，不能在红灯时通行。

- 在一条车水马龙的街道上："不，你牵着我的手。""不，这里不能骑平衡车。""不行，这样很危险。"
- 当涉及酒、烟和其他成瘾性的东西时："不，你不能试。""不，一小口都不行。""不行，这个对小朋友有毒。"
- 当涉及必须要吃药和采取医疗手段时："不行，必须得打针。""不行，必须用纱布把眼睛包起来。"
- 当涉及肢体或言语暴力时："不，你不能打。""不，不能踢。""不，你不能说你的弟弟。这伤害了他的感情。不能那样做。不行。"

这样一个不经常使用，但表达清晰的"不"，会对很多孩子产生震动。他们会凭直觉觉得，这不是闹着玩的。这是一种天然权威的力量。但它并不总有效。有几种原因可能会导致孩子即使在听到强烈的、明确的"不"时，也不会停下来。

典型的原因如下：

• **不成熟**。孩子在他的成长过程中，还没有学会克制——比如，他缺乏自制力。尽管我想让孩子产生自制力，但通常情况下，只有 5~7 岁的孩子才能够克制自己。

• **劳累**。筋疲力尽的孩子几乎无法控制他们的行为，他们的大脑对这种沟通和交往的边界也无法做出恰当的处理。与之对应是他们的行为，也是浮躁和不稳定的。

• **关系危机感**。一个对自己与成年人的关系没有安全感的孩子，通常会故意挑战边界，以验证他是否能够被很好地对待。这背后潜藏着的是对无条件的爱的渴望 ——即使自己所做的一切与成年人要求的完全相反。

• **忘乎所以**。当孩子特别激动和过度兴奋时，他们有时会陶醉在一种幸福的荷尔蒙之中，这让他们觉得，自己是不可战胜的并且目空一切。这是一种很棒的感觉，但是同时也存在一种风险，即孩子对"不"突然不再理会了。

• **群体驱动力**。每个群体都有自己的规则，尤其是孩子的群体。如果一个孩子成了孩子王，那他的命令往往比所有成年人的禁令都重要得多，这可能会导致那些原本很听话的孩子，突然做出他们从未做过的事。

在上述所有这些情况中，孩子都是在无意识的情况下去拒绝"不"的。他们目前无法认识到这一点，因此需要特别的支持和监管，以免危及自己和他人。

实践练习

每个"不"都是一枚硬币

为了让自己意识到"不"是家庭生活中珍贵的硬币，为了不让它贬值，我需要把它存起来，有时一大早，我就把10枚金色的10美分硬币放在我右边的裤子口袋里。每一个都代表了一个明确的"不"，我可以在日常生活中与孩子们一起使用。它们也是我当天说"不"的数量。每当我使用了一个明确的"不"时，我就会把一个硬币放进我左边的口袋里。因此，我可以清楚地知道，我还剩多少可以说"不"的硬币，并有意识地使用它。

有时，当所有孩子都睡着了，我甚至还剩下了几枚硬币，因为我在与孩子的对话中化解了所有的冲突！但有时，我会在两个小时之内，就愤怒地放弃这个试验，因为所有硬币都用光了。这就是生活——明天又是新的一天。

第七章

面对冲突，我们该怎么办

　　我遇见的大多数父母都愿意以心平气和的方式，通过对话来解决日常生活中的冲突和问题。这从根本上来看是没有错的。相反，为了满足不同的需求找到一种具有创造性的方法，对孩子和父母来说都是非常宝贵的经验。同时，我们对亲子关系中共识与和谐的渴望并不意味着我们只能用对话的方式来确定边界。当边界问题涉及我们自己，我们就只有一个选择——面对冲突。

　　这个话题经常出现在母乳喂养的咨询中，这关乎两个人的幸福：喂养者和被喂养者。如果他们中的一个人在喂养的过程中状态不佳，他们就可能在未经允许的情况下，做出改变。具体来说，喂奶的母亲当然希望她们被喂的孩子在某个时刻能够自然断奶，这是很好理解的。但如果要由一个人来决定是否母乳喂养，那么由母亲来限制或停止母乳喂养也是合理的。因此，我们可以在没有罪恶感、不需要辩解或外部许可的情况下，决定只在特定时间或特定情况下母乳喂养，或者完全停止母乳喂养。就像我们说的，当孩子大了我们不会再抱他，也不会允许他睡在我们的床上。所有这些决定都是正确、重要和有效的，但有一个条件：我们不能让孩子独自一人带着沮丧的情绪来面对这一边界的划定，因为这个边界使他的需求没有得到满足。

具体而言，母乳喂养并不是一种需求，但在喂养的过程中，通常能够满足孩子的多种需求。例如，营养、亲近、休息和安全感以及口腔刺激。如果我决定不再或者根本就不给孩子喂奶，那我就需要带着同情心，并且有耐心地陪伴他与母乳喂养告别，并且用其他方式来满足他的需求。例如，拥抱和奶瓶，或者让他叼着奶嘴，或者给他唱一首歌，或者给他一个用来依偎的小毯子——这些对我的孩子来说都非常有吸引力。

这同样适用于我们帮孩子摆脱旧的习惯并建立新的习惯：父母可能不想让孩子和自己睡在一张床上，但我们要满足他对亲近和安全感的需要，尤其是当孩子晚上一个人睡在他的小床上时。没有人必须得抱着小孩，但孩子在这个过程中对于亲近和身心放松的需要并没有消失，所以，也许你需要一辆新的婴儿车，以及更多的时间和孩子一起在家看书或听广播剧。

根据孩子的脾气，要实施这种改变可能很难。特别是那些非常任性的小婴儿，如果违背他们的意愿，给他们断奶或不让他们和父母一起睡，他们会感到非常不安。曾经有一位母亲在我这里接受心理咨询，因为她拒绝给小儿子喂奶，小儿子甚至愤怒地撕扯开了她的 T 恤衫！重要的是，我们要认识到，当孩子这样做时，他们不是在演戏，他们是真的对这件事感到非常绝望、愤怒和难过。所以，面对孩子的这种痛苦，重新考虑也是合理的，但并不一定真的要这么做。父母可以和孩子一起经历这种痛苦，给他空间让他学会去面对绝望，给予他安慰，让他学会接受拒绝，保持耐心，深呼吸并坚持下去——直到最终完成。

这既不容易也不美好，尤其是当你身处其中。**但你的边界值得你这么做。**别人的边界也是一样。所以，当我的第三个孩子出生时，我和他的哥哥产生了冲突，因为他出于爱和热情总想使劲地抱小宝宝，但这样会让小宝宝明显感到不舒服。这时，我会介入从而保护婴儿的边界："停下！你不能这么使劲抱弟弟，他不喜欢！"我的儿子会非常生气。他感到被拒绝以及误解了。我给他提供了不同的方法来应对他的沮丧，并教他用更温和的方式亲近宝宝，但他都拒绝了。然后我说："好吧，那让我们一起面对，你不能以你觉得好的方式来对待你的弟弟，这样会让人失望的。"我的儿子大哭，摔打枕头、跺脚，还骂我是个坏妈妈。我只是站在那里，让这一切发生。我抱着婴儿，关切地看着儿子。过了一段时间，他走到我面前说："我能再抱他一次吗？我会非常非常小心。""当然可以，"我说，"你是他的哥哥。"然后他非常温柔地抱着他。我向他展示了如何知道小弟弟和他在一起是不是真的舒服。这就是维护边界。

不同的地方，不同的规则

孩子在家里遵守的边界，与他在一群孩子中、在幼儿园以及在学校和其他孩子和平共处的规则完全不同。许多父母担心，当孩子在幼儿园或学校接触规则时，不知道会发生什么，因为他在家就对规则不了解，而且有些规则在家长看来也是没有必要的，甚至是比较僵化的。事实上，正是一些教育机构过度规范儿童的行为，才造成了问题。**但与此同时，孩子通常可以很好地区分不同的环境以及适应相应的规则，他会在特定的地方，以被社会接受的方式行事。**

所以，当我听到我的孩子在幼儿园洗手或端盘子时，我总是很吃惊——因为他在家里表现得远远没有这么好。但幼儿园就是幼儿园，家就是家。相比于在家，在学校里孩子往往表现得更遵守规则，这并不是因为幼儿园的老师比我们更懂得如何设置边界，而是因为在家和幼儿园，设置边界的条件完全不同。但当一个社会规则适用于一个较大的群体时，它会有助于孩子去理解规则。例如，当幼儿园里所有的孩子在玩耍后一起打扫卫生时，这个孩子也会随大流，加入其中，但是他在家会想要找借口或者逃避——因为没有人一起打扫卫生。

我的边界不需要同意。

然而，有时老师会找到家长，抱怨孩子不遵守规则，说孩子在"试探边界"，甚至会得寸进尺。重要的是，我们需要知道，从发展心理学角度看，"试探边界"虽然是孩子的一个发展阶段，但这个概念被认为过时了。不幸的是，在对专业教育人员的培训中它仍被使用，因此，这个词仍然存在，一些儿童的行为常常被解读为"试探边界"。我们该如何处理这种情况呢？而专业教育人员不喜欢家长向他们解释他们该如何工作，这一点也是可以理解的。

较好的做法是建立联系。因为无论一个孩子是不是在"试探边界"，他不断地挑战边界总会引起关注。他是想要和我们沟通？还是他需要什么？我们可以一起想想，他想要什么：更多的支持？更清楚的表述？更稳固的框架？还是更多的自由，更自我、更多的空间？从根本上来说，教育者与我们做父母的教育方式不同是正常的，他们比我们管理孩子更紧迫、更严格，也是正常的——但他们不可以诉诸暴力或采取侮辱人的方法来"规范"孩子。类似的惩罚如，强迫孩子"坐在衣柜里"，强迫他必须吃完东西，强迫他吃他已经拒绝了的食物。

是协商还是要求

当我在演讲结束后回答观众问题时，经常会有父母抱怨，他们的孩子根本不遵守协议。"我们打开电视之前先说好，就看两集，然后就结束，好吗？"孩子说"好的"，表示了同意。但两集看完，结束了之后，孩子还是会大喊大叫。

乍一看，这种做法破坏了边界：双方已经达成了协议，现在一方坚持不履行。这样是不行的，对吧？

但我们要更深入地考虑一下，对于一个真正的约定或协议，或者一个"公平的交易"，什么是必要的条件：自愿性和谈判空间。例如，我作为作者，出版社联系我，想和我一起出本书，那我会有以下的权利：我对双方合作的条件是否满意，我可以提出我的需要，也可以决定我是否接受给我的报价。这样协议才会在平等的条件下进行。

当然，在一些事情上我没有发言权。比如，税务局想向我征收税款，我是不能去和它协商的，这也是我的责任所在。公告或要求就是这样的：税务局不会友善地向我要钱，而是向我征收税款，它有权这样做。

作为一名妈妈，有时我扮演"出版商"的角色，想要达成交易，还得考虑对方的意愿。有时我则扮演"税务局"的角色。

如果我想和孩子计划一个电影之夜，在理想情况下，我们会达成共识："好的，周六晚上，我们一起看新的电影，并且做爆米花。"这是一项协议。如果我的孩子在周六晚上突然表示，他更想和他的朋友一起去看电影，我会觉得，这违反了协议：遵守自愿形成的协议，对我来说是十分重要的。

另一方面，如果我告诉我 5 岁的儿子，他只能看两集他最爱的《消防员山姆》，那么，这不是协议，而是直接命令。他没有发言权，也没有选择的自由。他可以看两集或者一集也不看。因为这和之前的那种平等的协议无关，所以对一些父母来说（那些父母喜欢以承诺、民主和平等的方式开展教育），试着和孩子达成一个虚假的协议，并不是一个好主意。在这种协议里，他们给予孩子自主和选择的自由，但实际上并不存在。那些父母不会说"你只能看两集"，而是小声地说："但只有两集哦，宝宝可以吗？你答应我吗？关电视的时候可不能发脾气。"而孩子面对所有条件都说"是"，因为他知道：不同意的话就不能看电视。然后我们就会抱怨，孩子不遵守"协议"或者"约定"。

事实是，面对一个真正的、没有压力的、双方达成共识的协议，孩子还是很乐意遵守的。但一旦我们让孩子对我们单方面决定的协议表示同意，他就会通过他们的行为与我们重新谈判，这是很自然的事。如果我们对孩子承诺，只要他在关掉电视或者睡觉时不再折腾，我们允许他干这干那，这其实是相当有问题的。因为我们给他提供的是一种事实上并不存在的自由选择，当他表示出沮丧和失望时，我们反而会生气。

因此，在我与其他父母的交谈中，我总是要求他们，明确目前所扮演的角色：是商业伙伴还是税务局？当我是"税务局"时，我不会用虚假的话语来掩盖我的目的，而是要明确地说："我是你的妈妈，我想让你看完两集就不看了。你当然可以为此悲伤和愤怒，然后我们一起睡觉。"

坦诚的要求好过假意的协商。

实 践 练 习

学习长颈鹿

沟通是互相的理解，很多事情都是在不知不觉中发生的：我们的表情、我们的站姿、我们的眨眼、我们的大笑——所有这些都不需要言语的沟通。我们的孩子是这方面真正的专家，他不需要借助语言来解读和判断。因此，当我们向孩子讲规矩的时候，要注意我们的肢体语言。如果我们要和他处在同等的视线水平上，我们还需再蹲下一点，以便不以居高临下的姿态表达最真诚的话语。清晰、诚恳的表情和低沉、平静的声音也表明了我们对自己所说的话是认真的。并且我们所说的话很重要。

沟通心理学家马歇尔·卢森堡提出的所谓"非暴力沟通"有助于明确边界。他认为，人与人之间的许多误解都是由于我们用"狼语"来彼此交流：咄咄逼人、冒犯他人、充满责备、刚愎自用，甚至经常笼统地指责他人："我总是要和你费口舌，因为你从来都不遵守协议！"罗森博格将这种充满语言暴力的交流与他的"长颈鹿语"进行了对比，后者致力于联系和理解，在提出请求时，有四个基本的步骤：

1. 我不带任何价值判断地描述我观察到的事实。
2. 我描述了我此刻的感受。
3. 我说出了我的需求。
4. 我提出了一个明确、具体的请求。

比如打扫房间。你走进客厅，到处都是玩具。也许你的第一反应是大喊："这怎么这么乱？现在把你的东西带到你房间去！"或者你只能无奈地坐在沙发上，因为你觉得自己无论如何都无法与孩子沟通。而采用非暴力沟通的四个步骤，你可以说：

"我看到你把玩具带到客厅里玩。现在整个地毯上都是汽车、骑士和橡胶动物，我觉得不舒服，我感到很有压力，无法放松。我需要一个干净的环境。所以我想让你把你的车放在停车场，把骑士放回他们的城堡，把橡胶动物放在浴缸里。在这个过程中，我很乐意帮助你。"

根据孩子的年龄和性情，非暴力沟通可以缓解日常家庭生活中的压力或者起不到任何作用。这并不意味着你做错了什么：也有孩子觉得这样的解释太啰唆，他们想要立刻知道该做什么。非暴力沟通是一种基于互相尊重的方法。如果缺少这种态度，它可能会是极具控制力的，也会造成伤害。因此，你需要明白，如果不考虑对方的需求和边界，那么无论非暴力的要求多么正式，它都不是非暴力的。

第八章

对症下药

一个强大的边界是坚固的。这样的边界会给孩子更多的安全感。如果他了解了家里的规则，就会减轻压力，并获得安全感。同时，也要允许边界的变化：如果对很小的孩子来说，不允许他单独靠近炉子或洗碗机，是一个明智的家庭规则，那么让小学生自己收拾厨房也是适合的。对小学生来说，固定八点钟睡觉是合适的，但是我们不再规定青少年该什么时候睡觉——最多规定给他们断网的时间。规则在这种适应和变化中并没有被削弱，相反，家庭系统必须不断地改变，以便使每个人都有喘息的机会。对父母来说，这是一个真正的，也是一个必要的挑战。

如果不通过边界的稳定性，我们该如何来识别较强的边界？它是如此的牢固，以至于每个人都要坚持它，而不会担心后果。简单地说，牢固的边界是我们发自内心觉得它很重要、正确和好。相反，一个薄弱的边界，则需要我们不断用威胁来加强："如果你现在不打扫，今晚就不能看电视了！"孩子对这种脆弱的边界有很好的感知能力。他会觉得，最终父母也没办法，而这也导致了父母带着疲惫的情绪施压。或者，就像我的一个孩子曾经说的那样："妈妈，当你说'如果你不这样做，那么会……'时，其实你也不知道会发生什么，对吗？"另外，学校的情况也一样。我的一个孩子在暑假后开学的第一天回家和我们说，今天新的老师介绍了班规，每个人都认为这是合理的，并乐意遵守。然后老师说："如果你们没有遵守，那你们就会被记录一次，如果被记录三次，你们就要去校长那里，如果你们见了两次校长，你们就得留级，然后我会给你们的父母打电话，你们就会遇到真正的麻烦！""他说到这，我们知道他并不信任我们，"我的孩子说，"然后我们就不想再遵守他那些莫名其妙的规定了。"

因此，我们要记住，**一个好的边界是明确的、公平的，是与孩子的成长阶段相匹配的。**

明确意味着：清晰而且具体。

公平意味着：考虑到了面对边界的孩子的需求。

与孩子的成长阶段相匹配意味着：对孩子的期望不会超过他的年龄和成熟度。

孩子可以认识到，我们是在认真地与他们沟通规则和边界问题。如果我们对自己的权威很有信心，我们就不需要采取一系列的制裁。我们的话有效，是因为它们站得住脚，因为我们和孩子之间的关系是相互信任的。我们是指路的灯塔。谁会仅仅因为不受到惩罚就不跟随灯塔呢？

如果我们开始威胁和施压，那么很明显我们缺乏领导力、非常软弱。在这种情况下，我们也不要指望我们的规则会受到认真对待。因此作为预防措施，我们会宣读那些当规则被打破时，用于惩罚的措施。那我们的孩子呢？他们会感受到并据此开展行动。他们会挑战我们的边

> 一个好的边界是明确的，公平的，
>
> 是与孩子的成长阶段相匹配的。

界，然后看看接下来会发生什么：一个后果？然后呢？接着会发生什么？这种制裁是有问题的：它们不是告诉孩子遵守规则很重要，而是告诉孩子破坏规则而不被抓住很重要。

这就是为什么在家庭生活中，面对规则被破坏，我们必须要在两条道路中加以选择：一条是短期有效，但从长期看却不可持续的；另一条则需要更多时间、精力和耐心，但长期看却会有回报的。显而易见的是，人们经常会选择短期的道路。例如，如果我问我周围的任何一个成年人，他为什么要买停车票，他会说："因为这样我就不会被罚款。"为什么你乘坐有轨电车时不逃票？"因为如果我被抓住，我必须支付 40 欧元的罚款。"在乡道行驶时，为什么你在测速摄像头前刹车？"因为这样我就不会被罚分。"为什么你在那之后就超速了？"因为在一个高速摄像机之后，不会马上出现下一个。"**这就是人们的行为方式，他们会因为威慑和对惩罚的恐惧而遵守规定。**他们做他们应该做的事情，因为他们不希望受到威胁，而不是因为他们理解和支持规则。这就是为什么数以百万计的德国人是"合法的纳税人"，但与此同时，为了花费更少的票价，他们会在电影院的售票处把孩子谎报小两岁。这在他们看来是非常正常的——"因为这事没人管"。

有价值导向的人在面对规定时则不同。**他们被自己的价值观所驱使，行事高尚、尊重规则，因为他们从内心深处是理解和认可这些规则的。**他们购买停车票是因为他们觉得，按比例支付市政当局提供的公共停车费是理所应当的；他们购买车票，是因为他们觉得运营电车是需要花钱的；他们按规定的速度行驶，是因为他们觉得在高速路上限速是合理而且正确的；他们会为刚满 6 岁的孩子支付全额费用，是因为他们觉得这是电影院的收费规定。即使没有限制、惩罚、门票、票据、税务人员以及交警的扣分，他们也会这么做。**因为，他们认为这些规定都是正确的。**

一个国家借助信任来管理，在我看来那就是个乌托邦。总是会有一些人，只要没有相应的制裁或惩罚，他们就不遵守规定。**但家庭不是国家。**在这里，孩子可以在一个安全的、没有压力的环境中学习制定规则，这些规则是有意义的、公平的并且对所有人有利的。它只需要相信每个人都能做正确的事。**我的规定是你的底线。**在这个安全的框架内，你可以学会讲道德。人们遵守规定不是出于害怕，而是因为它是正确的。

第九章

自我照顾

维护边界的难易程度也会视人群而定。自我调节能力强的人比情绪化的人更容易维护边界，男性比女性更容易维护边界。我认识一位父亲，在我看来，他天生就能很好地维护边界。他会用令人难以置信的自然状态在生活中引导两个儿子，他从不大喊大叫或者非常粗鲁，但浑身散发出一种带有亲和力的权威，甚至连不认识的孩子都能对他的命令欣然接受。我曾经问过他，他从哪里学的这种处事能力，他说："嗯，我一直都处在领导的位置上。"事实上，这位父亲在学生时代（在高中的学生会中）就已经担任很多职务，上大学时他还担任学弟学妹的导师，最终加入了一家公司。开始他手底下只有五个人，现在已经有五十个人了。所以，一个老板，特别是一个好老板，往往经过了大量的训练。**他知道如**

何倾听和如何明确要求、如何应对和解决冲突以及如何在不滥用权力的情况下掌控权力。这对日常生活中面对那些高需求的婴儿有用吗？其实并不是特别有用。一个家庭的运作方式与一家公司的运作方式不同，一个好老板也不一定就是一个好父亲。但在面对大一点的孩子时，这种明确的领导力还是非常管用的。

在谈话中我们也发现了：**这位父亲擅长维护边界，是因为他自己也能很好地遵守边界。**他拥有自己想要的生活，努力工作但享受其中，得到很多赞赏和尊重。当他花时间陪伴孩子时，他的"需求罐"里装满了他所需要的东西，并从中获得内在动力，从而也能面对愤怒和挫折。对于很多父母情况则是不同的。他们早就放弃了自己的需求，他们的"需求罐"里几乎是空的。他们想要更多的睡眠、休息和尊重。而与之相反，他们从孩子那里得到的是，不能安睡的夜晚、大声地哭喊、持续不断地争吵以及感觉不到尊重。在这样的经历中，父母很快就转换成了"受害者"的角色，他们会恳求孩子按照他们说的那样做。尽管这种情况是可以理解的，但它就是强势领导力的对立面。

为了能够很好地捍卫边界，我们必须首先自己过好。为此，我们需要保证的第一点是自己的"需求罐"是满的。这可能真的很难做到，但时机成熟时，我们要卸下自己的负担，而不是等到一切都太晚了的时候。当你带着孩子，需要得到别人有偿或无偿的帮助时，这并不是懒惰或软弱的表现。这通常是顺利度过那段带孩子（尤其是带很小的孩子）的苦日子的唯一方法。

第二个重要的点是自我照顾。我知道，这是一个很难的概念，因为它经常被误用——疲惫的父母需要付出更多的努力，让自己的生活变得更幸福一些。但实际上"自我照顾"是与之完全相反的意思：给予自己和孩子一样的关爱和宽容。我们要把自己的需求看得很重要。我们不仅要保证孩子有充足的睡眠、食物、锻炼、娱乐和玩耍，还要保证我们自己也能获得。要实现这一点，并不需要什么灵丹妙药。它首先是一种态度，即在我们的家庭中，每个人都同等重要，所有的需求都很重要。在一个充满压力的家庭生活中，考虑自己的幸福并不是自私的、没有必要的。相反，这一点非常重要。

根据不同的生活状况，可以有不同的实现方式：健康的人比患有慢性病或残疾的人拥有更多自我照顾的资源；有相互支撑的伴侣的人比独自生活的人更容易获得休息的时间；有钱的人比起单身母亲更容易得到有偿的帮助，而单身母亲的钱经常只能维持到月底。然而，几乎所有父母都可以使用的一个非常简单的自我照顾的方法就是关爱自己——尤其是在压力大的情况下。在日常生活中，当孩子的行为超出了我们的个人边界，我们要用理解、宽容和善意的态度去看待这个问题：我现在怎么了？我能为自己做什么？

实践练习

我为什么会痛苦

毫无疑问，陪伴孩子是一件令人筋疲力尽的事。但通常不是表面上的压力使我们费尽心力，也不是早起、修理零食盒等这些让我们生气的事。而是我们自己经常被触及的伤口和未被满足的需求。下面这个问题清单可以在我们不知所措和愤怒的时刻帮助我们，它会帮我们找出：到底是什么让我们这么痛苦？你可以看一看，自己有没有这样的感觉。

我感到自己很无助。

我觉得自己被无视了。

我觉得自己被贬低了。

我觉得自己很渺小。

我感到被责备了。

我感到孤独。

我觉得被剥削了。

我感到被孤立了。

我觉得被欺负了。

我觉得自己走进了一个没有出路的死胡同。

我觉得被误解了。

我感觉被操纵了。

我觉得被控制住了。

我感到无能为力。

我觉得与世隔绝了。

我觉得没人在乎我。

我觉得没人关心我。

我觉得我好像已经失败了。

所有这些感觉经常会在亲子关系中被激发出来，但它们不是因为亲子关系产生的，而是因为其他关系产生的，在这些关系中，我们人类的深层需求没有或者不会得到满足。

满足我们的这些需求不是孩子的任务。充其量，孩子能偶然发现我们所缺少的东西，以及我们在生活中追求的东西。当你处于生活压力最大的时刻，往往是非常困难的，有时甚至是什么都不可能实现的。但这些感受背后的需求，我们仍需要自己负责——无论是承认自己现在缺失的东西，还是长期缺失的东西——并保证一旦我们有能力，就会尽快解决这些问题。

第十章

维护边界并非一直行得通

在家庭生活中讨论边界及其重要性是对的，也是非常重要的。但也存在着一个危险：那些在与孩子的相处过程中时常感到过度紧张、筋疲力尽、被忽视的父母可能会由此产生内疚——他们本可以更好地维护他们的边界！事实上，我总是能看到如下的言论，尤其是在社交媒体上：每个人的运气都是自己创造的，如果谁的运气不好，那他一定是做错了什么。这个话在很多层面上都是错的，所以在这一点上，我必须要非常清楚地说：总会出现一些状况，即我们无法保持边界或者会有意识地突破边界，这是非常正常的。尤其是在孩子很小的时候。因为照顾一个无法照顾自己的人是一段十分神奇的经历，它会打破现有的边界。但不管怎样说，我们也不能把照顾孩子的责任放在一边，安心地考虑我们自己的需求。如果有问题，我们必须要先照顾孩子，即使我们感觉真的不能再这么做了。

这个做法尤其适用于与 6 岁以下的孩子相处时。孩子的需求感越强，需要的就会越多。**因为小孩子在表达自己的愿望和需求时往往要求很高，而且很坚决，所以要反对他们需要花费极大的力量。**而许多父母没有这样的力量。尤其是他们每天花了好几个小时来照顾这个孩子——甚至几个孩子。虽然我总是呼吁父母，即使孩子还小，也要保护好他们的个人边界，这一点很重要。但我也要说明，父母没有义务这样做。在孩子小的时候，父母可以拓宽自己的边界，因为和维护边界相比，这样的做法显然轻松得多（尤其是在照顾孩子的早期），所以这种决定是可以理解和有效的。这和一开始就明确边界是一样的。

所以我总是体会到，因为孩子整夜不睡觉，父母感到走投无路。这在一开始是很正常的：很多小孩子晚上醒来好几次，要喝奶，这是再正常不过的。但这也让父母感到筋疲力尽。他们会问我：我们该怎么办？这个答案很简单：虽然幼儿在夜间喝奶是一个普遍现象，但他已经不像婴儿期那样，在生理上有绝对的需求。这意味着，幼儿不同于婴儿，他们在晚上可以不喝奶了。但问题是，如果他们还可以喝到奶，那他们为什么要自愿放弃呢？因此，父母有两种选择：第一种，可以有意识地让孩子戒掉夜奶；第二种，顺其自然，等着孩子什么时候可以自己睡一个整觉。

第一种方法显然需要更多的付出。父母必须要制订一个计划，并在心里做好准备，之后的连续几个晚上都要陪伴一个悲伤、愤怒、苛刻、困惑甚至绝望的孩子。他们也需要保证，孩子在白天对卡路里的需求能得到满足。他们也要做好准备，如果孩子在晚上没有了夜奶，早上就有可能因为饿了，会醒来得更早一些。他们心里要非常清楚，希望会伴随着转变而来，即使这很困难，但也给予孩子悉心和充满同情的关爱。这项努力的回报是，在熬过几个艰难的夜晚后，孩子能睡整觉了，因为他们已经意识到只有第二天早上才能吃到奶。有些父母说：这是值得的。我们能行！这种做法也是完全合理的。**维护边界，公平的分配孩子不合理的需求，是父母的任务**。好的，这是有效的方法。

还有一些父母因为想睡个完整的觉，所以不愿意为此付出代价。相比于投入精力，他们更愿意多花几晚，让自己和孩子摆脱这种戒夜奶的压力。他们期待着，孩子什么时候自己可以在晚上少喝点奶。这种事情是会发生的。认为这种方法在某些方面效果较差或者更糟糕，认为这样的父母似乎不清楚他们的边界，这些看法都是错误的。情况恰恰相反。这些家庭的父母正是考虑到孩子和自己的局限性，然后做出了维持现状的决定。虽然看起来不是很好，但也是因为没有更好的选择才这样做的。所以这也是一个很好而且行之有效的解决办法。

所以，在有一个或几个孩子的最初几年，所有的决定都要信奉这句格言，涉及边界时亦是如此：只要对你们有益的都是好的。无论你们是需要更多或更少的边界，无论是想暂时扩大还是缩小你们的个人边界——任何能帮助到你们，让你们能成为自己想成为的父母的事，任何在这个过程中能支持你们，而且对你们有好处的事，都是对的。是的，你们不需要向任何人证明自己。

这不是件容易的事。我发现，当我觉得交际圈中的人认为我对孩子过于松懈或过于严格时，自己总是会感到很羞愧。这种情况经常发生，因为家庭核心成员以外的人只能看到我们家庭生活的一部分。我送儿子去锻炼身体，即使他看起来不太喜欢，乍一看好像是我过于严格了，但我知道，运动对他是非常有好处的。早上我会给还在上学的孩子零食，在有些人看来，这可能是错误的，也是一种纵容，但我相信，这会让他们感受到妈妈对他们的爱。除了我们和我们的孩子，没有人能够判断哪些边界对我们是最有效的——我们有权进行不断地尝试，从而找到最适合我们的边界。

边界是一种特权

与重病和需要照顾的孩子一起生活尤其如此。例如，我的朋友朱迪思，她的第三个孩子小弗里茨出生时患有一种极其罕见的存活率低的疾病。小弗里茨目前还和他的父母、兄弟姐妹一起住在家里，并经历了很多快乐的时光。一方面，他的家庭可以负担得起昂贵的医疗支出，另一方面，朱迪思付出了令人难以置信的努力，尽管困难重重，但她也拼尽全力，让这个最小的孩子生活得舒服且丰富。朱迪思在她的个人社交账号上写道："我是我孩子的人寿保险。我根本不被允许出意外，因为当我撑不下去的时候，在我的身后没有人会为我辩解。"朱迪思写下了那些照顾孩子的父母的心声：
在不能保护孩子生命的前提下，关于维护边界的讨论就像是
一场奢侈的讨论。所以，人们总是不断地努力，不断地努
力，在此过程中会惊奇地发现，在必要的情况下，人的边界
可以延展到如此之宽。这表明：人类往往比我们想象的更有
韧性。如果我们别无选择，我们可以做出不可思议的事情。
没有什么可以让我们不断地扩大自己的边界，除了对孩子的
爱。这是一种巨大的力量。当然，同时也包含着危险。因为
我们不能不留痕迹地不断地突破自己的边界。我们的免疫系
统会下降，我们会经常生病，感染后很久都不能痊愈。许多
人觉得背痛和头痛，感到身体无力和持续性筋疲力尽，出现
睡眠障碍和抑郁。**有些父母真的为孩子献出了生命。**我们不
去粉饰这些事。但要认识到，在某些生活状况下，维持自己
的边界并不是一种选择。我们的边界不是一道栅栏，会在某
个时刻断裂。它更像是一根橡皮筋，只要你足够用力地拉
它，它几乎可以无限拉伸。这种感觉不是很好，从长远来看
也不是很健康。尽管如此，这可能是一个家庭在这种情况下
的最佳选择：将自己的边界扩展到无限，这样家庭才会延续
下去。

第十一章

人和人之间也有
不同的边界

"有时我甚至觉得，我的女儿是想让我在我的母亲面前难堪，"一位母亲曾向我感叹自己的悲哀，"我的女儿第一次在我的母亲那里过夜，在那之前，我向母亲详细地解释了，想让露娜上床睡觉有多麻烦，她会爬下床很多次。但结果发生了什么？第二天早上，我的母亲得意洋洋地告诉我，露娜和她一起睡一点问题都没有，她很快就睡着了，而且从来没有下过床。"许多父母都有过这样或类似的让人沮丧的经历：在幼儿园里，孩子比在家里更听话；去朋友家，孩子比在家有礼貌；孩子的祖父母们也强烈怀疑我们的家庭生活，是否真如我们所说的非常疲惫——因为在他们那里，孩子表现得堪称完美。是的，甚至有一些家庭，孩子和父母中的一方相处得很好，而和另一方却很难相处，并总是和他／她唱反调。这怎么可能呢？那些拥有很听话的孩子的人，经常吹嘘自己："有我在，孩子知道该怎么做。"但这话最多只有一半是真的。更重要的是，孩子叛逆、不守规矩和任性的一面，通常会在他们更亲近的人面前表现出来，而在和关系不那么亲密的人相处时，孩子则表现得更加整洁、适应性强和配合。

每个孩子都会在他的生活中与周围照顾他的成年人建立联系。这种联系是个人的，是孩子与成年监护者之间的互动。由此，孩子生活中最重要的人就是主要联系人，其他人是次要联系人。例如，对于许多孩子来说，新生儿的时候，他们就和父母在一起，由父母喂养、安慰、称重、拥抱和照顾，所以父母就是他们的主要联系人。

随着时间的推移，联系人的范围会扩大，如祖父母、叔叔、阿姨、保姆或者幼儿园的教师，他们也都会成为次要联系人。重要的是：这种分类不是评定它的好坏，只是客观地说，次要联系人对孩子来说也是非常重要的，但他们并不是世界上最重要的那个人。每一种联系都是独一无二的，都有它自己的价值。一个孩子可能与妈妈的关系很好，与爸爸的关系却不是很好；或者与奶奶亲近，但和姥姥关系不好。

关系的亲疏远近也会随着孩子和成年人的经历发生改变：和关系近的人可能会逐渐疏远，反之亦然。而且，孩子在他亲近的人面前也会有不同的表现，这取决于关系的模式和关系的稳定性。通常，在所有次要联系人面前，孩子会比在主要联系人面前更能控制住自己。这意味着，他们的行为会适应不同的关系，他们会在感到安全的情况下，即在他最亲近的人面前，表现出他们的愤怒、反抗、生气和攻击性。特别棘手的是，一些孩子由于性格敏感，交际圈里只有主要联系人。具体而言，即使父母双方，也只有一方能够成为孩子的主要联系人——通常是那个与孩子相处时间更久、能敏锐感觉到孩子变化的人。在家庭生活中，人们可以这样理解，即只有父母中的一方能安慰、照顾和带孩子睡觉——否则，孩子会表现出极大的不满。而这样的父母经常会听到"你只要给他立个规矩就行"这样的话，好像这件事很容易！当然，人们只要有足够的耐心和毅力，也可以让一个依赖父母一方的孩子逐渐适应由另一方带上床。但这其实一点也不简单。相反，父母需要很多的耐心和包容——包括对自己的包容。当一个孩子如此依赖一个人时，无论是对被依赖的一方，还是对被拒绝的一方，都是非常棘手的。关键是不能因此去相互指责。与孩子建立主要联系的一方不会妨碍另一方与孩子建立联系，他们也没有做错事，只是因为孩子在他们面前与在其他人面前表现得不同。相反，被拒绝的一方也不能简单地被认为是不够努力，这个情况很复杂——尤其是涉及边界的时候。

我曾经和一对夫妇交谈过，继父是在孩子 2 岁时和她的单亲妈妈在一起的。因此，这个 3 岁的孩子从一开始就与妈妈建立了非常牢固的关系，现在妈妈的男朋友加入了这个家庭，突然成了孩子的爸爸。幸运的是，孩子也非常喜欢他，并很快与他建立了联系，但有一件事却让这对父母非常沮丧：虽然这个女孩可以很好地尊重继父的边界，但母亲的边界却不断地被打破。"当我告诉她我要单独去运动时，她就只在门口朝我挥挥手，"继父说，"但当她的妈妈想去运动时，我们的女儿就在家里大喊大叫，甚至把自己挂在妈妈的腿上，这样她就不能出去了。""最近我甚至会把自己锁在卧室里，只是为了让自己清净一会儿，"这位母亲坦言道，"而我的男朋友只需要说'亲爱的，我现在需要半个小时！'"为什么会这样？很简单，对于这个女孩来说，继父对她来说虽然很重要，但他是一个次要联系人——他被孩子所喜欢，但绝对不是不可或缺的重要人物。相反，她的妈妈则是她的全世界、她的全部，是她存在的关键。因此，在（潜在的）可能会分离的情况下，她的"依恋系统"被激活了，它会告诉她：要尽一切努力阻止这个女人离开你。毕竟，她是你生活的保障，没有她，你什么都不是。**事实上，相比于妈妈的边界，这个孩子更容易维护父亲的边界，这和他更清晰或者说更好的教育方式无关，只是因为相处模式不同。**

这适用于所有的家庭：对于主要联系人来说，维护个人边界和自由比次要联系人要困难得多。主要联系人获得的支持越少，那么这项任务就越难完成。这对于父母来说意味着：我们不要去争论，为什么孩子遵守了我的规定而不是你的，我们不相信，我们的另一半还没有我们做得多，却获得了相同的效果。让我们看看在不同的相处模式中存在的机会：成为孩子的主要联系人是一种很高的荣誉，但也需要付出巨大的代价。好在次要联系人至少能在这方面给我们提供支持，而且孩子能够配合他们，孩子会让他们比我们更容易完成任务。相反，那些在孩子看来不是最重要的家庭成员，在冷静下来时也应该认识到，这是一种特殊的待遇，即他们不仅对孩子来说是个重要的人，同时也能兼顾自己的需求。这样他们可以借助自己的个人自由给主要联系人减压。不是通过告诫孩子维护更多的边界，而是通过理解来维护边界，因为对孩子来说，维护不同联系人的边界是非常困难的。

第十二章

没有压迫和惩罚的边界

"如何在没有压力和惩罚的情况下，维护我的边界？"这个问题会经常出现在我的面前，我也没有标准答案。我这里只有一个装满办法的"工具箱"，也许会帮到你。

第一个工具：心里有数

我必须要知道我想要什么，并用可信和真实的方式来展现它。孩子用他敏锐的感知力感受到的，不仅仅是我们说的话，还有我们散发的气质。我们是双腿稳稳地站在地板上，还是在不安地瑟瑟发抖？我们是直视他的眼睛，还是回避他的目光？我们是用平静的语气说话，还是我们的语气听起来不确定或刺耳？所有这些都会影响到孩子对我们所说的话的重视程度和认真程度。具体来说，如果我想要设定一个规则，我必须相信我可以这样做。这样，坚定的态度就会展现出来。

第二个工具：个人表达

当父母想让自己感觉特别有亲和力时，他们通常会选择委婉的说法，而不是明确的指令。

"妈妈，我能去尼克拉斯那儿玩吗？"

"我觉得这不是个好主意，我不确定他的父母是否愿意，毕竟，马上就要吃晚餐了……"

这不是否定，也不是边界。这是模棱两可的回答。许多孩子非常善于捕捉这种犹豫和不坚定，然后更加强烈地坚持自己的想法。

所以，用清晰的个人表达把对我们来说很重要的边界展示出来，这一点非常重要。我们要花时间了解自己的真正立场。然后用"我"这个词代替"人们"这个词，我们不要把自己隐藏在问题和琐事之后，而是要清楚地表达我们的意愿。

　　"妈妈，我能去尼克拉斯那儿玩吗？"孩子提出问题后，你要等一下再回答。21，22，23……

　　"等等，让我考虑一下。"再等一下，21，22，23……

　　"马上六点了，尼克拉斯肯定吃晚饭了。我不想你现在去。你约他明天下午见吧！"

第三个工具：深谋远虑

　　当孩子想要做一些我们认为不好的事时，我们就会感到有压力。这就会导致我们形成一种狭隘的视角，只看到两种可能：输或者赢。要么你赢，要么我赢。这就是权力斗争的内容。

　　"我想要再吃一个冰激凌！"

　　"你不能吃了！"

　　"但我想吃！"

"不行！"

"可以！"

"不行！"

"可以！"

"我恨你！"

"随便吧，今天晚上你不能看电视剧《小沙人》了！"

哭泣、绝望、愤怒，一个下午孩子都是这样的心情。从这样的交流中孩子学不到任何东西，也不会遵守他人的边界。他们感受到的是，自己情绪上的无助、无力以及受到了惩罚。很显然，这种情况时有发生——在上面的例子中就是如此。但它并不能解决问题。

那么，如何让事情变得更好呢？我们需要在解决方案 A 和解决方案 B 之间去有意识地拓宽我们的思维。我的母亲从小就教会了我这一点。她对我说："解决一个麻烦至少有 10 种方案，但我们在最开始都想不到那另外 8 种。"当我遇到难题时——如果我邀请克拉参加我的生日派对，那么伊琳娜就不会来；如果我邀请伊琳娜，克拉就不会来。我们就会一起想一想：还有什么其他的可能性？或许开两个生日派对？

或许一个早一点，一个晚一点？解决她俩的冲突并寻求妥协？或者用不同的方式庆祝生日？

今天当我和孩子在一起，当我必须在两种选择中做出抉择时，我还是经常想起和我妈妈的对话。就像有一次，我的丈夫出差了，我的小儿子想让我带着他和他的小妹妹一起去室外游泳池。我认为自己不能带两个具有冒险精神、又不会游泳的孩子一起去游泳。所以我觉得我只有两个选择：第一种，打破我的原则，尽管感到不安，但一个人带他们两个去游泳；第二种，告诉我的儿子，我们不可能去游泳，并陪他一起沮丧。当然，这是一个合理的解决方案，但没有人会对此感到满意。所以我一直在想：还有没有别的办法？最后，我想到了一个主意。我去问一个同样有两个小孩的朋友。"唉，如果我的丈夫不在家，我从来不敢带他们一起游泳。"她说。"我也是。"我说。"但或许我们可以一起去……"

然后，我们达成一致，我们一起去了游泳池——但有个明确的原则，我们和四个孩子都要一起待在浅水区。我的儿子对此不太满意，因为他喜欢带着游泳圈待在较大的池子里。但这就是原则，我们可以去游泳池——但要在这个前提下。然后我们去了，感觉特别好。教育学博主喜欢将这种方法称为"一起做"。找到一种新的视角，从"非此即彼"中走出来，将不同的需求和边界协调在一起。这总是有效吗？并不是。但它值得尝试吗？肯定值得！

第四个工具：优先意识

"选择你的战斗"是一种受欢迎的育儿理念，但其实我并不太喜欢，因为它听起来过时了：好像每天与孩子的生活都是在战斗，而不是沟通和相互妥协！但尽管如此，这句话也有几分道理：面对反抗也要维持边界，这肯定会让人感觉像是一场战斗，至少让人感到很费劲。明智的做法是，事先考虑一下，哪些事情值得我们花费精力，哪些不值得。如果父母完全没有边界，是非常不幸的，但将每个小事都演变成涉及边界的斗争，也让人非常痛苦。因此，父母最好在插手和放任之间、在保持边界和放手之间找到平衡。对孩子来说，这两种经验都非常重要：有些规则是适用的，有些则是可以被成年人忽视的。

因此，耶斯佩尔·尤尔建议父母记住三条对他们来说最重要的规则，这对他们来说非常的重要。即使要花费很大的气力，也要保护和捍卫它们。除了这三条规则，父母可以放下其他的事情，也要相信孩子会在这些规则之下找到自己的路。对尤尔来说，首要的是家庭内部的关系——家庭成员之间的相互包容和支持。老实说，我并不确定我的家庭生活是否真的只用遵守这三条基本规则。我的丈夫和我已经坚持了好几天。但我认为，一个重要的想法是，在边界这个问题上，我们要考虑优先级：什么对我们来说是最重要的？什么是一般重要的？有哪些是可以放弃的？这样我们可以确保把自己的精力投入到真正值得的"战斗"中去，而不是被日常琐事搞得筋疲力尽。

第五个工具：配合能力

我们的孩子不是我们的敌人。从根本上说，他们的天性是想与我们和睦相处的。但有时并不是这样。例如，他们会和我们对着干，是因为他们疲惫不堪、难过或愤怒，因为他们不明白我们想让他们干什么，或者因为我们对他们的期望超出了他们的边界。在这样的情况下，我们要有意识地激发他们的合作能力——这种能力是永远存在的，只是有时我们看不见。

这里的一个关键点是，对他们每天给予的配合表示赞赏。例如，有一次，夏日炎炎，我们去操场时我只带了一个水杯，那是我 6 岁儿子的水杯。我忘了带我小女儿的了，所以我想让我的儿子与她分享。但他并不想这样做。我感觉到怒火在我心中不断地攀升：在 31℃ 的温度里拒绝 2 岁的妹妹喝一口水，这是多么自私的行为！但后来我尝试用我儿子的视角来看待这个问题。然后我很严肃地对他说："我知道作为一个哥哥你总是很难。你总是要等待、让步或分享，那是因为你大，妹妹还小。其实你对此经常毫无怨言。你会让我先把妹妹放在汽车座椅上，然后再帮你系好安全带；你也理解，吃饭的时候，她可以坐在我的腿上，而你却不能；妹妹哭的时候，你会非常有爱地安慰她，其实那个时候你更想去玩。这些都是非常辛苦的工作。"儿子看着我，点了点头。"有时候她还会扯我的头发！但即使这样我也没有打她！""没错，"我回答，"这会花费很多精力。"然后我们又聊了一会儿他作为哥哥的不容易，我对他所做的一切表示了由衷的感谢。然后我对他说："我理解，你现在不想把水给她喝。因为你已经付出和分享了太多，现在你可能在想'什么时候是个头啊'，不是吗？"他点了点头。"我非常理解这一点。你应该照管好你的东西。我真的忘了再带一个水杯，而你的妹妹现在需要喝水。你现在是唯一能帮我的人，你能理解吗？"儿子叹了口气，然后把水杯递给了妹妹。"谢谢，"我说，"你就是我的大英雄。今天下午你在操场上解救了我们。没有你，我怎么办啊？""一个健忘的妈妈。"我的儿子笑着，然后又去玩了。

必须要清楚的一点是，这个方法并不总是有效，即使在我们家里也是如此。但这个想法，即通过发自内心的赞赏来激发孩子配合我们，在许多状况下帮助了我。父母在遇到类似情况时，不要表现得生气、愤愤不平，而是要充满理解地、灵活地采取行动。

实 践 练 习

激发孩子的合作意愿

最好用游戏的方式为较小的孩子设置边界，那些典型的压力很快就会得到释放。

刷牙时：

我先给你刷，然后你再给我刷！

我会用牙刷把细菌刷出来，你负责把它们冲进下水道！

你看着挖掘机视频，我来刷！

我来决定一天刷两次牙——你来决定什么时候、在什么地方刷牙。

在路上：

来，我们来比赛跑步吧！

你能在去幼儿园的路上，一条路缝都不踩到吗？

我们在操场上再转一圈吧？

让我们数数所有的楼梯！

我们倒着上楼梯吧？

你能不靠着别的东西就能保持平衡吗？

谁能先在路上发现绿色、红色、蓝色和黄色的东西？

吃饭时：

我们一起坐下来，一边听广播节目一边吃饭吧。你想选一个节目吗？

今天我们要不要试着用勺子和叉子吃饭？

我们今天换一下——你用大盘子，我用你的彩色小碗？

清洗时：

谁能在自己的双手之间弄出更多的泡沫？

谁能用手从装满水的盆子里抓出一个苹果？

你能在脸上放多少块湿毛巾并保持平衡？

谁能用泡沫做出最高的发型？

你有没有试过把浴缸倾斜的一侧当作滑梯？

灵活让步和可控实施

"天啊，你终于来了，我快冻僵了！""因为你，我都不知道晚餐吃什么了。我们也没有时间看电视了。""你别哭了！我说了让你来，你不来，这是你自己的错。""你再这样，我们下午就不再来操场了！"数不清有多少次，我在傍晚时分的操场上目睹这种不耐烦的咆哮。我特别能理解，那些父母在面对磨蹭的孩子时的失控和抓狂。总是这样催促孩子，真是让人筋疲力尽，这也远远超出了我们的边界，我们

五种用来维护边界，但没有压迫和惩罚的"工具"：

1. 心里有数
2. 个人表达
3. 深谋远虑
4. 优先意识
5. 配合能力

已经没有力气去尝试和孩子合作让他们配合了，我们只想回家。

　　问题是，如果我们向孩子抱怨，是因为他们的问题使我们迟到，那么他们就要为那些我们无法以平静的心态来处理的事情负责。我们让他们对这种情况负责——而我们自己沉浸在"受害者"的角色中。这并不公平。孩子的任务不是把那些重要的事情放进一天的计划中。时间管理是成年人的事，孩子没有这方面的能力——只有在青春期，他们才会显现出计划和完善自己日常生活的能力。因此，如果我们让孩子带有负疚感，让他们觉得，是因为他们，我们才陷入了压力，是因为他们，我们才需要仓促地吃饭而且没有时间看电视，这样做会减少我们的挫败感，但会对孩子造成情感上的"勒索"。因为太累了，所以我们生气了，我们想让孩子注意到这一点，并为此感到内疚——他那么磨蹭，而我们是准时的。我们觉得，孩子可能会从这种指责中吸取教训，下次就会快点儿。但这是一种有问题的方法：因为磨蹭而受到惩罚的孩子，内心往往会产生一种恐慌的情绪，他们不会再真正地体会游戏的乐趣，因为他们担心，沉浸其中而忘了时间会陷入麻烦——这剥夺了他们非常重要的发展和体验空间。

更公平的方法是所谓的"可控的让步"。换言之，如果我们的计划与孩子的计划发生冲突，我们要有意识地表达自己的想法。这意味着，我们会说"好，再滑三次"或"好，再滑十分钟！"然后保证，这些话是真实有效的，而不是含糊其辞地说"好吧，但不要太久"，当孩子不配合时，自己又感到很烦躁。

因此，无论何时，当涉及遵守时间或保证准时到达某地时，都必须明确一点：这个责任 100% 是由父母承担的，就像父母保证孩子亦或是其他人的健康和安全一样。如果我们明确地负起责任，即使困难重重，即使所有合作都不起作用，我们的行动还是有力的。因为考虑到孩子的生活状态和性情，总会有一些时刻，耐心的陪伴和友好的宽容都无法让孩子配合做那些我们想让他做的事情。

关于这个话题，在当代以父母和孩子合作为导向的文献中很少被提及。这是可以理解的：谈论和孩子一起合作（比如让哥哥给妹妹喝水的那个例子）、寻找解决问题的办法这个话题，比谈论和孩子的冲突更让人愉快。在家庭生活中，当孩子拒绝时，父母好像处在了绝望的边缘——比如，刷牙、系安全带以及从操场走回家，等等。有人会说：这是那些父母的运气不好。非暴力原则是适用于任何时间和任何地点的，违背孩子的意愿，抓住他、束缚他、把他抱起或带走，都是暴力行为。在过去的几年里，我们将此类攻击描述为，是因为父母绝望、无助以及缺乏其他选择而采取的行动，我认为这是正确且重要的：暴力行为的含义是，借助身体优势，让别人去做一件他不想做的事。**这不是小事，也不应被视为小事**。只是，我相信，在家庭生活中，父母真的是已经没有了其他办法来承担自己的责任，才选择使用暴力行为的。在这个背景下，马歇尔·卢森堡提出了"带有保护性质的暴力"这一概念，意思是，一种行为可能是暴力的，但也是必要的。

举一个典型的例子：我的祖父年轻时救了一个溺水的朋友。那个人因为害怕，用胳膊和腿拼命划水，使得我的祖父根本抓不住他。因此，我的祖父拍了他一巴掌，利用这一惊吓的瞬间抓住了溺水者，然后把他安全地拖到岸边。这表明，带有保护性质的暴力可以在关键时刻挽救生命——大家可能听说过，曾经有人勇敢地抓住了一个在车前面乱跑乱跳的孩子。在这种危及生命的情况下，侵犯他人身体的边界是合理的，这个事实对父母来说也是可以接受的。**大家需要讨论的是，当它不会直接威胁生命时，这种身体边界或者说这种必要性到底在哪儿？** 我们可以强迫孩子在车里系好安全带吗？或者如果他不愿意，我们就可以一直不开车吗？我们可以抱着孩子让他刷牙吗？或者我们放任不管，直到他长了蛀牙？因为我们觉得冷，但孩子不想离开，我们有权把他从操场抱回家吗？最终，所有这些问题都给我们带来了道德上的困境，我们必须要考虑几个因素：孩子的自决权和我们作为父母的保护义务，我们自己的自决权与孩子在非暴力环境下的成长权利，我们对孩子边界的保护以及我们对自己边界的尊重。**人们到底该怎么做呢？为了尽可能地减少痛苦——无论是孩子的，还是我们的，人们倾尽了自己的知识和情感。**

作为一名家庭教育专家，孩子的父母希望我在某些特定情况下对具体的带有攻击性的行为提供一种合理性。例如我说："强迫孩子吃东西是不对的。但强迫孩子刷牙是可以的，因为这关系到他们的健康。"我理解他们希望消除道德压力。但我无法解决。相互矛盾的需求和价值观会衍生出紧张和压力。而我不是维护边界的"教皇"，我所能做的就是分享。作为非暴力育儿的倡导者，有时我也会选择利用身体优势凌驾于孩子之上——不仅仅只是在生死攸关的时候。我做这些事时，从不轻率，也不喜欢，但内心都是很清楚的，而且问心无愧：因为我的结论是，这是亲子关系在进化过程中所提出的要求，有时我也会借助我作为成年人的身体优势，让家庭中的每个人都能得到他所需要的，而不仅仅是喊叫声最大的那一个。

当所有其他方法都失败时，我使用的策略就是我所说的"温和的强制措施"。这意味着：我有意识地、明确地无视孩子的意愿，因为我认为，这样做是必要的——并始终以充满爱和关爱的方式和他保持联系。例如，我那个还在蹒跚学步的孩子是绝对不想在车里系好安全带的。我已经试过了很多方法——可以给他一个毛绒玩具，可以让他给自己系安全带，可以让他在车里小范围地爬来爬去——但现在时间很紧，因为我必须开车送另一个孩子去看医生，而这个小一点的孩子不能独自留在家里。所以我抱着他，用清晰、平和的语气对他说："我知道你现在不想坐在你的座位上。我明白这一点。但我是你的妈妈，我决定现在让你系好安全带，这样我们就可以快一点。"然后我就把他放在座位上，并系上安全带，在这个过程中，我非常小心，没有因为生气或压力表现得很烦躁和不耐烦，最重要的是，我没有责骂我的孩子，说是因为他，让我的生活变得很糟糕。相反，我说着正在发生的事："你不想系安全带，这我明白。但我现在要给你系上，因为我是你的妈妈，我希望你很安全。"对于一个这么小的孩子来说，在这种情况下发怒、尖叫和扭动并不是不听话或者反抗的表现，从某种程度上看，还是一个好的征兆：他知道了，在他的生活中，一个成年人忽视他的"不"是不正常的。并在这种事情发生时，他会提出相应的抗议。

据我所知，还没有研究人员调查过这种强制执行会如何影响孩子的发展。在这方面，我没有证据表明，这些罕见但肯定会发生的经历对我的孩子和其他孩子，尤其是反复经历这些事的孩子会产生哪些影响。但是我深信，孩子能非常清楚地感受到，我们以何种态度采取了措施——无论我们表现得友好、善解人意，还是愤怒或疏远。当我和其他成年人谈论他们童年受到的伤害和暴力时，这些经历几乎总是与心理暴力有关。一位母亲曾经告诉我，"有一次我不想从操场回家，我的父亲突然抓住了我，把我塞在胳膊底下，就像拿着一个冲浪板。当我哭泣和尖叫时，他只是用力地把我抓得更紧，然后愤怒地往家走。当我告诉他，他把我弄疼了的时候，他只是说：'谁让你那么做，我这样对你是你活该。'最后，他把我粗暴地放在门口，我哭着跑了进去。他整个晚上都没有再和我说一句话。"这是对孩子身心都造成暴力行为的一个例子，是绝对不允许发生的。采取温和的强制措施，情况会完全不同：这个小女孩会得到很好的合作机会，以及一个明确的期待：父亲希望和她一起回家。如果孩子拒绝了，但父亲觉得回家很重要，他可以抱起孩子，对她说："听着，我知道你想留在这里，但我要带你回家。我现在就带你回去。"温和的强制措施在于，从不使用超过必须要使用的力量，并且尽可能小心，不要伤害到孩子。这包括与孩子的身体接触，抱住他但不要把他弄疼，并以平静和友好的方式和他说话，即使他踢、哭、愤怒或者大喊大叫。"我知道这对你来说很难。我和你在一起。我们很快就回家了。一切都很好。我们很快就到家了。我知道这很难。我很抱歉。现在我们回家吧。"那一刻孩子感受到的关爱比这些话更重要。而且，作为成年人，我们要在这个时刻承担责任，而不是将其推给我们的孩子。现在的情况如此糟糕，不是他们的错，而是我们负有责任。

哪些情况适用这种方法，以及它应该在家庭生活中出现几次？我经常被问到这个问题，但我也没有答案。我认识一对父母，他们有一个自律性很强的孩子，而且他们的方式非常灵活，在整整五年做父母的过程中，他们从未采用过这种温和的强制措施，因为他们总是会找到另一种方法。另一对父母，他们有一对敏感的双胞胎和一个患有慢性病、年龄大一些的孩子，因为这个孩子有很多的治疗预约，所以他们几乎每天都在使用温和的强制措施，尽管他们依赖合作和妥协让步的频率更高。

所有这些都表明，无论我们是经常或很少违背孩子的意愿来执行我们的意愿，几乎都没有反映出我们作为父母的特质，而是反映了我们的生活以及各种压力和约束。我相信，如果我们以关怀和负责任的方式来陪伴孩子，他们是不会受到伤害的。

结　论

充满爱意地说
"不"

家庭体系的改变不是一朝一夕的。它是一个漫长的过程，尽管它会产生巨大的影响，但我们通常都不会注意到。调整和适应家庭生活中的边界也是如此：我们可能做不到，也可能一直在做。感受、展示和维护边界是一项日常任务，是我们家庭团结不可或缺的一部分。对于很多父母来说，可能有点危言耸听：这意味着我们永远不会结束关于"是、否、就是"的讨论吗？到我们老了，头发花白的时候，我们还要维护我们的边界吗？

在这个问题上有一个令人欣慰的答案：虽然边界是我们生活的主题，但生活中任何阶段都不会像我们陪伴 10 岁前的孩子的那些年，它带给我们如此大的挑战，让我们付出如此多的精力。因为成年人是自己对自己负责的，和成年伴侣在情感互动中协商我们的边界不是我们的任务。但是作为父母，当孩子还不能独自解决问题时，我们需要坚持和维护边界——同时缓和这一决定所带来的情绪上的压力。这就是为什么在我们生活的这个阶段，维护边界使人筋疲力尽和疲惫不堪。但好消息是：它不会一直这样，因为当我们的孩子长大后，他们的大脑会随之发生变化，他们的思维、感觉和行为也会发生变化。逐渐地，他们有自己处理边界的能力——不仅是自己的边界，而且也有其他人的边界。如果我们在这个过程中，能为孩子树立一个良好的榜样，会让他受益匪浅的。然后，通常在青春期的后期，我们会发现一切都变得容易了。日常生活不再是只由简单的规则和遵守规则组成的环，而有了一种彼此照顾的团结。边界得到了维护，是因为我们展示了它，而不是因为我们准备咬牙切齿地捍卫它。但路漫漫其修远兮，当你处在棘手的孩子的幼年时期，有时会觉得看不到头。但事实并非如此。我们的孩子对边界及其重要性的认识，会随着时间的流逝以及每一次的冲突不断提升，在这些冲突中我们维护了自己的利益，但是没有羞辱或否定我们的孩子。**边界在父母与孩子的关系中增长，深层次的关系会让孩子对边界产生尊重——这就是我们在其中**

反复移动的张力场。有时我们感觉自己被撕裂了，这是很正常的。只有人类才会不断地问自己，如果没有了边界，我们会不会生活得更好：如果我们作为没有灵魂的、只是满足他人需求的机器，我们不会有自己的需求和愿望，但我们如果有时间、精力和空间去关注自己，我们就能够找回真正的自己。

正如我理解的那样，我想给父母以勇气，让他们为自己的需求挺身而出，这样他们才能过得很好。**因为我们的孩子并不想要那些为了自己而无私牺牲的父母，而是想要那些对自己的生活满意，并喜欢和孩子待在一起的父母。**父母也承受了很多挫折——即使暂时看起来不是这样。所以，不要等到所谓的最佳时机，才开始表明你的个人边界。当孩子长大了，晚上的日子也就越来越好过了，当喂奶不再那么花精力了，你和伴侣的关系也就恢复了。我们要从现在开始，一步步地着手：**感受、表明、维护边界。**感知自己的个人边界。深呼吸。然后尽可能充满爱意地、清晰地维护它。

变化不会立即显现。但会很快。

因为的确是这样：**每一个清晰的边界都是对自己的肯定。**在生活中的某一阶段，一切都围绕着孩子，这也是我们爱自己的表现。我们要平衡自我牺牲和延迟满足之间的关系。一个带有保护性的围栏，不会束缚孩子，但会给予孩子和我们自己以支持。

你应该感知、表明

和维护自己的边界。

拓展阅读

- Bergstermann, Karin/Hofer, Anna: Bei meinem Kind mache ich das anders. Mit den (Schwieger)Eltern über Erziehung sprechen und den eigenen Weg gehen. Weinheim: Beltz, 2021.

- Borghoff, Kathrin: Hochsensibel Mama sein. Das Ressourcen-Buch. Weinheim: Beltz, 2020.

- Cammarata, Patricia: Raus aus der Mental Load Falle. Wie gerechte Arbeitsteilung in der Familie gelingt. Weinheim: Beltz, 2019.

- Davies, Simone: Montessori für Eltern. Wie Kleinkinder achtsam und selbstständig aufwachsen. Weinheim: Beltz, 2020.

- Döpfner, Ulrike: Der Schatz des Selbstwerts. Was Kinder ein Leben lang trägt. Weinheim: Beltz, 2022.

- Fajembola Olaolu/Nimindé-Dundadengar, Tebogo: »Gib mir

mal die Hautfarbe«. Mit Kindern über Rassismus sprechen. Weinheim: Beltz, 2021.

- Graf, Danielle/Seide, Katja: Das gewünschteste Wunschkind aller Zeiten treibt mich in den Wahnsinn. Der entspannte Weg durch Trotzphasen. Weinheim: Beltz, 2016.

- Grimm, Nina: Hätte, müsste, sollte. Bedürfnisorientierung im Alltag wirklich leben. München: Kösel, 2021.

- Hohmann, Kathrin: Gemeinsam durch die Wut. Wie ein achtsamer Umgang mit kindlichen Aggressionen die Beziehung stärkt. Limbach: Edition Claus, 2019.

- Hummel, Inke: Nicht zu streng, nicht zu eng. Dein sicherer Weg zwischen Schimpfen und falschem Verwöhnen. Hannover: Humboldt, 2022.

- Imlau, Nora: Mein Familienkompass. Was brauch ich und was brauchst du? Berlin: Ullstein, 2020.

- Imlau, Nora: So viel Freude, so viel Wut. Gefühlsstarke Kinder verstehen und begleiten. München: Kösel, 2018.

- Juul, Jesper: Nein aus Liebe. Klare Eltern – starke Kinder. Weinheim: Beltz, 2014.

- Kagan, Jerome/Snidman, Nancy: The Long Shadow of Temperament. Cambridge,MA: Belknap Press, 2009.

- Maywald, Jörg: Gewalt durch pädagogische Fachkräfte verhindern. Freiburg: Herder, 2019.

- Mierau, Susanne: Frei und unverbogen. Kinder ohne Druck begleiten und bedingungslos annehmen. Weinheim: Beltz, 2021.

- Renz-Polster, Herbert: Kinder verstehen. Wie die Evolution unsere Kinder prägt. München: Kösel, 2022.

- Winkelmann, Anne Sophie: Machtgeschichten. Ein Fortbildungsbuch zu Adultismus für Kita, Grundschule und Familie. Limbach: Edition Claus, 2022.

致　谢

为了能够写出这本关于边界的书，讽刺的是，有时我不得不突破自己的边界，因为这本书让我的个人生活非常忙碌。

我诚挚地感谢来自各方的帮助，以及情感和道义上的支持，他们帮助我度过了这段时间，从而使我能够在逆境中完成这项如此重要的心血工程。

因此，我想借此机会向他们表示感谢。

我的丈夫马尔特一开始就对这本书充满了热情，在漫长的交谈中，他帮助我找到了主线，并在写作过程中一直延续了这条主线。

相比于其他的书，我的四个孩子丽娜、迈克、雅各布和艾米丽，教会了我很多关于个人边界的知识。

我的父母和公公婆婆，在我这里住了几个星期，对我们的房子和所有人都非常照顾，从而这本书才得以出版。

我的朋友妮卡，她专业的投入无法用金钱来衡量，更不用说我们之间的友谊了。

我的朋友汉斯，他也为我的家庭生活投入了极大的心血和热情。

我的助手丹尼拉·格里贝尔用极大的耐心独自管理着我的整个办公室，而我却经常找不到我的手稿。

我的经纪人奥利弗·布劳尔，他确保这本书在合适的时间找到了合适的出版商，并以他惊人的坚定和冷静的态度在整个创作过程中支持我。

我的编辑佩特拉·多恩来自 Beltz 出版社，长期以来，她一直想和我一起创作一本真正的家庭读物，并且作为一名杰出的编辑，她参与了这本书从构思到出版的全过程。

最后，我要感谢你们，我的读者朋友们，你们多年来一直在购买、阅读和推荐我的书，并给了我宝贵的反馈，经常在我的社交媒体频道上关注我，这也是我成长中一个重要组成部分。我社交账号上的内容已转向了与个人边界主题相关的育儿方式。如果没有你们，这本书将永远不会存在——谢谢你们！